トレーニング・メソッド
TRAINING METHOD

CONTENTS

装丁・本文デザイン／黄川田洋志・田中宏樹・石塚昌伸・坪井麻絵 <ライトハウス>
編集／本島燈家・新井等<ライトハウス>
撮影（カバー＆本文）／高原由佳
イラスト／田中祐子・トキア企画
トレーニングモデル／佐々木卓
撮影協力／ゴールドジムさいたまスーパーアリーナ

筋肉の取扱説明書

本編に入る前に、まずは筋肉を鍛えるためのベーシックな理論を学びましょう。これを知っておけば、筋トレ効果が高まり、筋肥大のスピードアップも確実です。

● 筋肥大のメカニズム

トレーニングによって筋肉に強いストレスがかかると、それに抵抗しようと筋肉が太くなる。このことは、ほとんどの方がご存知でしょう。生物はつねに新しい環境に適応しなければいけません。筋肉も過酷な状況に追い込まれると、それを克服しようとします。長期間にわたって大きな負荷がかかり続けるほど、筋肉はより太くなっていきます。これが筋肥大の基本的なメカニズムです。

なぜ太くなろうとするのか。それは、筋肉の出力は断面積に比例するからです。では、どのような仕組みで太くなっていくのでしょうか。

筋線維の周囲には、筋サテライト細胞（衛星細胞）というものが張りついています。筋線維本体が傷ついたりすると、このサテライト細胞が

「筋サテライト細胞」の役割

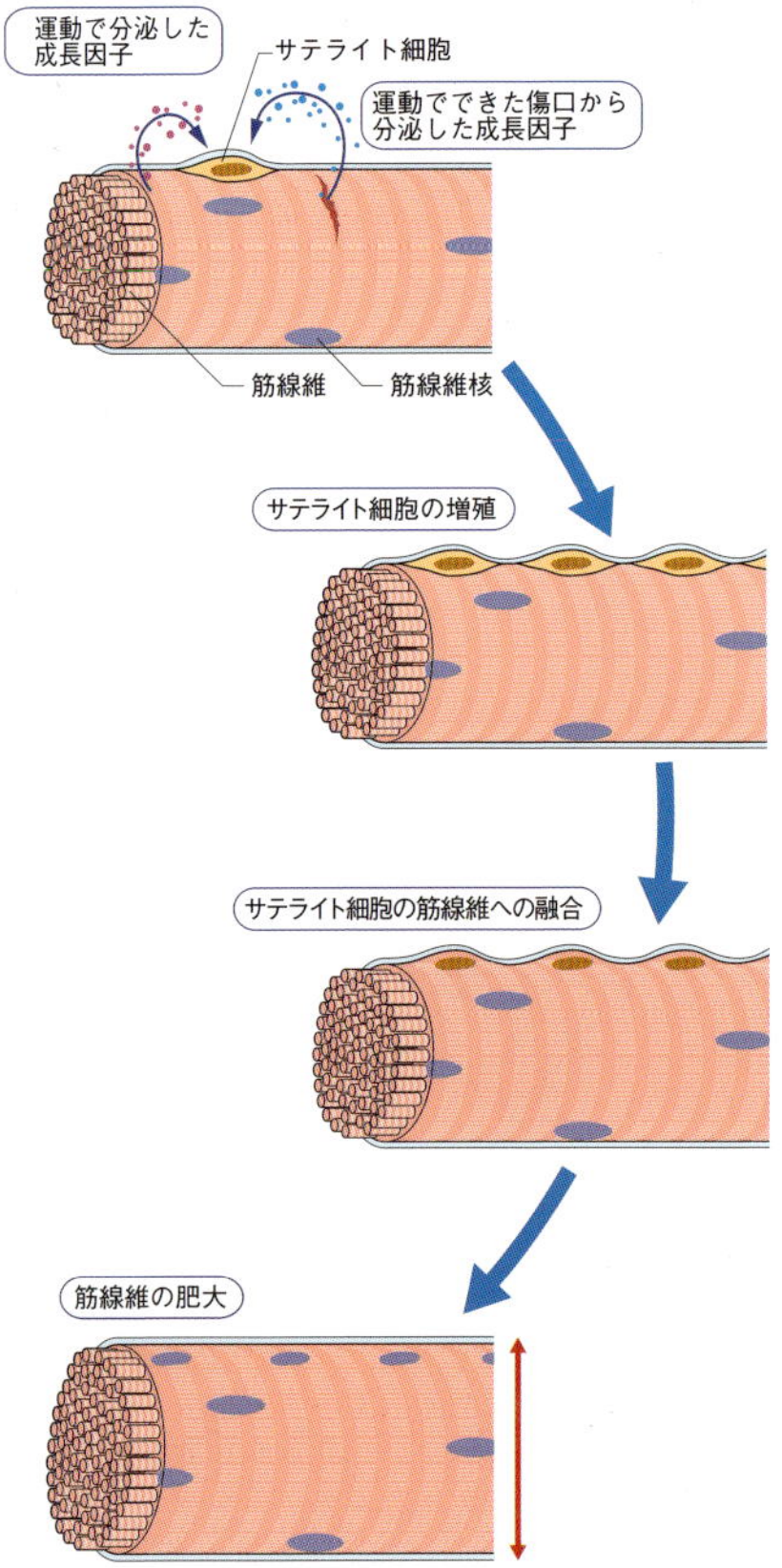

増殖し、壊れた部分を埋めるように新しい筋線維をつくる。また、激しい運動で筋線維が疲労した時も、筋線維からSOSを告げる成長因子という物質が数種類分泌され、そのサインを受けてサテライト細胞は増殖します。そして、ベタベタと融合して筋線維が太くなるように補強していくのです。きわめて強い衝撃を受けて筋線維が死んでしまった時は、サテライト細胞がさらにどんどん増えて新しい筋線維をつくります（筋線維の再生）。

筋肥大に必要な負荷

筋肉にストレスを与え、筋肥大を起こすためには、ある程度の強度でトレーニングする必要があります。まず負荷の強さは、少なくとも1RM（1回しか上げられない重さ）の65％。これはアメリカのスポーツ医学会でも表明されている「スタンダード」で、世界標準の強度と考えていいでしょう。これよりも軽い負荷では筋肉は太くなりません。65％1RMはあくまで最低ラインなので、できれば80％1RMくらいを中心として、70〜85％1RMの範囲でトレーニングをするのが効果的と考えられます（ただし、スロートレーニングや加圧トレーニングのような特別な工夫をすれば、もっと軽い負荷でも筋肉を肥大させることは可能です）。

また、負荷は強ければ強いほどいいというわけではなく、90％1RMを超えると逆に筋肥大が起こりにくくなるというデータが出ています。完全に起こらないのではなく、筋肉のサイズよりも筋力発揮に参加する筋線維の数が増えるという神経系のレベルアップが起こりやすくなるのです。

挙上回数やセット数も重要なファクターです。基本は限界まで、または限界に近い回数まで繰り返すこと。1分程度のインターバルをとりながらそれを3セット以上こなし、そのトレーニングを週2〜3回行なうのが目安です。ただ、大胸筋や広背筋、大腿四頭筋などの大きな筋肉を本格的に鍛えようと思ったら、3セットでは不十分でしょう。いくつかの種目を組み合わせ、大胸筋や広背筋なら5〜6セット、大腿四頭筋なら8〜10セット程度を行なうことをオススメします。

1回のトレーニングのセット数を増やすのはOKですが、1週間に4回も5回もトレーニングするのはNG。同じ筋肉を鍛える場合は、多くても週3回と考えましょう。それ以上になると効果が上がらないどころか、逆効果になってしまう可能性もあるので注意してください。

「超回復」には休養が不可欠

トレーニングをすると、筋肉は疲労します。そして徐々に回復していくのですが、その時にトレーニング前のレベルを超えることを「超回復」と呼びます。1回や2回のトレーニングで目に見えて筋肉が太くなるということはありませんが、トレーニングのたびにごくわずかの超回復が起こり、それを積み重ねていくうちに少しずつ筋肉が肥大していくのです。

超回復のためには、当然ながら筋肉を休ませる時間が必要。筋肉が回復していく過程ではタンパク質の合成レベルが高くなり、栄養素として摂ったアミノ酸から新しいタンパク質がつくられることで筋肉が修復されていきます。それは48～72時間続き、その間に超回復が起こると考えられます。パフォーマンスが下がっている回復期に同じ筋肉を使った激しいトレーニングを行なっても、筋肥大の効果は期待できません。

こうしたデータは、最近までは動物実験に基づくものが多かったのですが、ここ数年はアメリカやヨーロッパなどで人の体を使った研究が進められています。48～72時間という数字は人の筋肉でも証明されたので、「週2～3回のトレーニングが効果的」という定説は、ほぼ間違いないと言っていいでしょう。ちなみに、トレーニングから2時間も

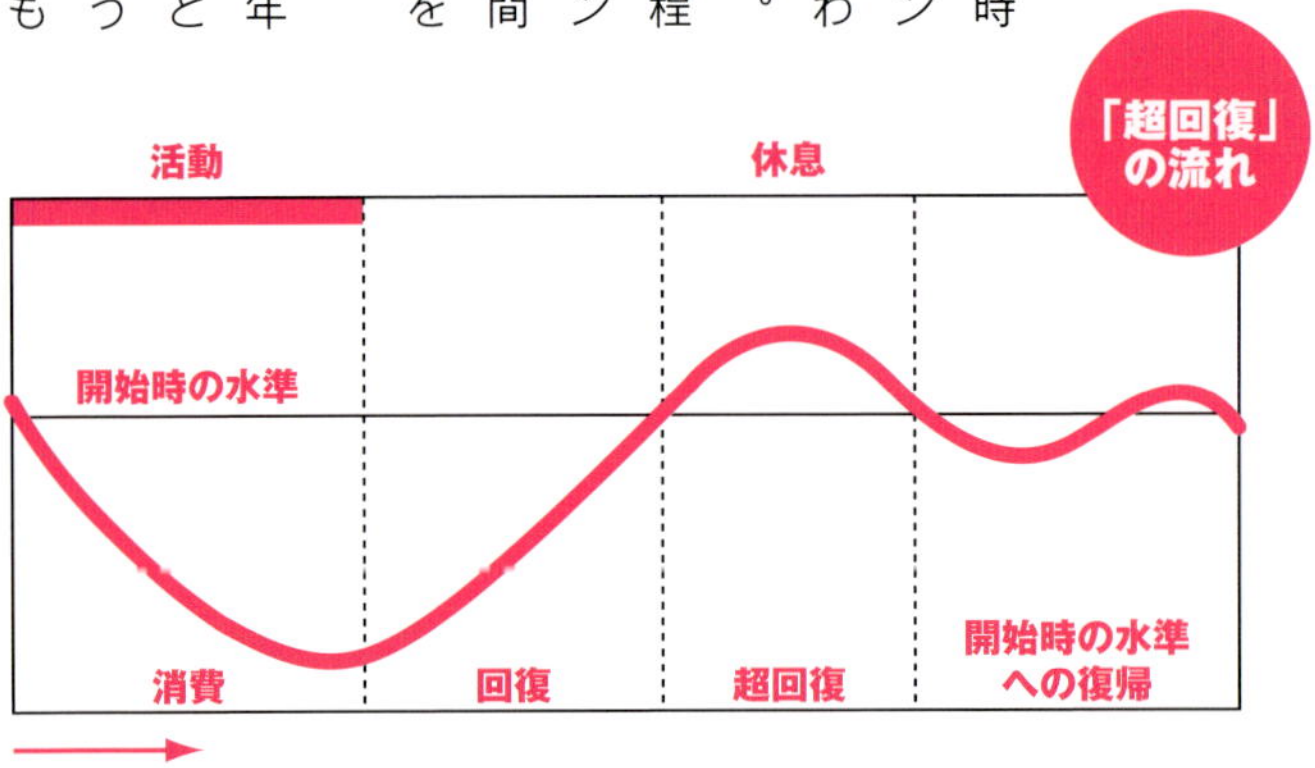

経つと、タンパク質の合成レベルが上がりはじめるようです。

食事はトレーニングの前？ 後？

人の体を使った研究では、筋肉中のタンパク質の合成と分解の両方の進行を追いかけていく実験もされています。これは1日の中で激しく変動しているらしく、時間によって「今は分解ぎみである」「今は合成のほうが高い」といった違いがあることがわかっています。とくに食事をしてから長時間経っている場合、つまり、おなかがすいている時は分解のほうが優勢になっている。しかし、食事を摂ると一転して合成にシフトするようです。ということは、空腹を我慢しながらトレーニングするのはあまりいいことではなさそうですね。また、トレーニングの前に食事を摂るよりも、直後に摂ったほうが合成の度合いは高くなるようです。ですから理想としては、トレーニング前に軽く栄養補給をして、トレーニング後なるべく早めにしっかりと食事をするというのがいいのではないでしょうか。

食事によって合成が上がるのであれば、食事はこまめに摂ったほうがよさそうだという予想も成り立ちます。実際、ボディビルダーなどは1日6回ほども食事をする人が多いのですが、それも筋肥大を考えるのであれば正しい方法でしょう。

ただ、合成の上がり方には年齢差があり、年をとるにしたがって上がりにくくなるようです。また、若い人はゴハンなどの糖質を摂ることで合成が一気に上がりやすくなるのですが、年をとると糖質の威力が落ちてくる。つまり、ゴハンを食べただけでは合成が上がらなくなるのです。一方、ロイシンなどのアミノ酸にもタンパク合成を促す働きがあり、こちらは年齢の影響を受けません。筋肥大の効果を高めたいと思ったら、サプリメントの摂り方なども年齢に応じて考えたほうがいいということですね。

次ページからは、体の各パーツにスポットをあてて解説していきます。それぞれの筋肉の特性を知り、効果的なトレーニング方法をマスターしましょう。

TRAINING METHOD

PART. 1

胸

＜大胸筋＞

サイズは大きく　タイプはスタンダード

大胸筋は上半身の前面では一番大きく面積の広い筋肉。筋線維の配列は扇状になっていますが、胸骨と上腕骨を結ぶようにほぼ平行に並んでいるので、外見的にはわかりやすい筋肉と言えるでしょう。ボディビルダーのように鍛え上げると、筋束（筋線維の集団）が見えるので、鍛えがいのある筋肉でもあります。形状が見えやすいということもあり、昔から関心が持たれ、さまざまな実験もされています。たとえば、1本の筋線維が大胸筋の端から端までつながっているのかどうか。ネコの場合は、途中で切れている短い筋肉があるということがわかっています。人間ではそこまで研究が進んでいませんが、大胸筋を9つほどのセグメント（部分）に分けてベンチプレスのような肩の動きをさせると、それぞれのセグメント間の伸張短縮の距離に差が出るという結果が出ています。つまり、よく動く部分と、あまり動かない部分がある。もし1本の筋線維だとしたら全部が均等になるはずなので、人間の大胸筋にも端から端までつながっていない短い筋線維があるのではないかと考えられています。

私も実体験として、やり方によって大胸筋の内側が発達したり、外側が発達したりした感覚があるので、おそらく端から端までつながっていない筋線維もあると思われます。そういった短い筋線維は、同じように負荷をかけても、長いものより大きく引っ張られたり、短縮したりするので、強いストレスがかかると部分断裂のような障害が起こる可能性もあります。

全身の筋肉の中では、大胸筋はスタンダードと言える筋肉です。正確に調べられたデータがあるわけではありませんが、白筋（速筋）と赤筋（遅筋）の割合もアベレージに近いと考えられており、したがってトレーニング（具体的なメニューは16ページ参照）や栄養の摂り方なども、特別な戦略を立てるというより、平均的な処方をすればいいでしょう。

トレーニング効果が現われやすい筋肉というイメージがあるかもしれませんが、実際には他の筋肉とそれほど変わりません。ただ、大胸筋のトレーニングは何となく面白みがあり、スクワットよりベンチプレスが好きという人も圧倒的に多いようです。しかも、ベンチプレスは上半身の筋肉はたくさん使いますが、全身的にきついわけではないので、心理的なストレスも脚部のトレーニングより少ないでしょう。それが効果として現われやすいと感じられている理由かもしれません。

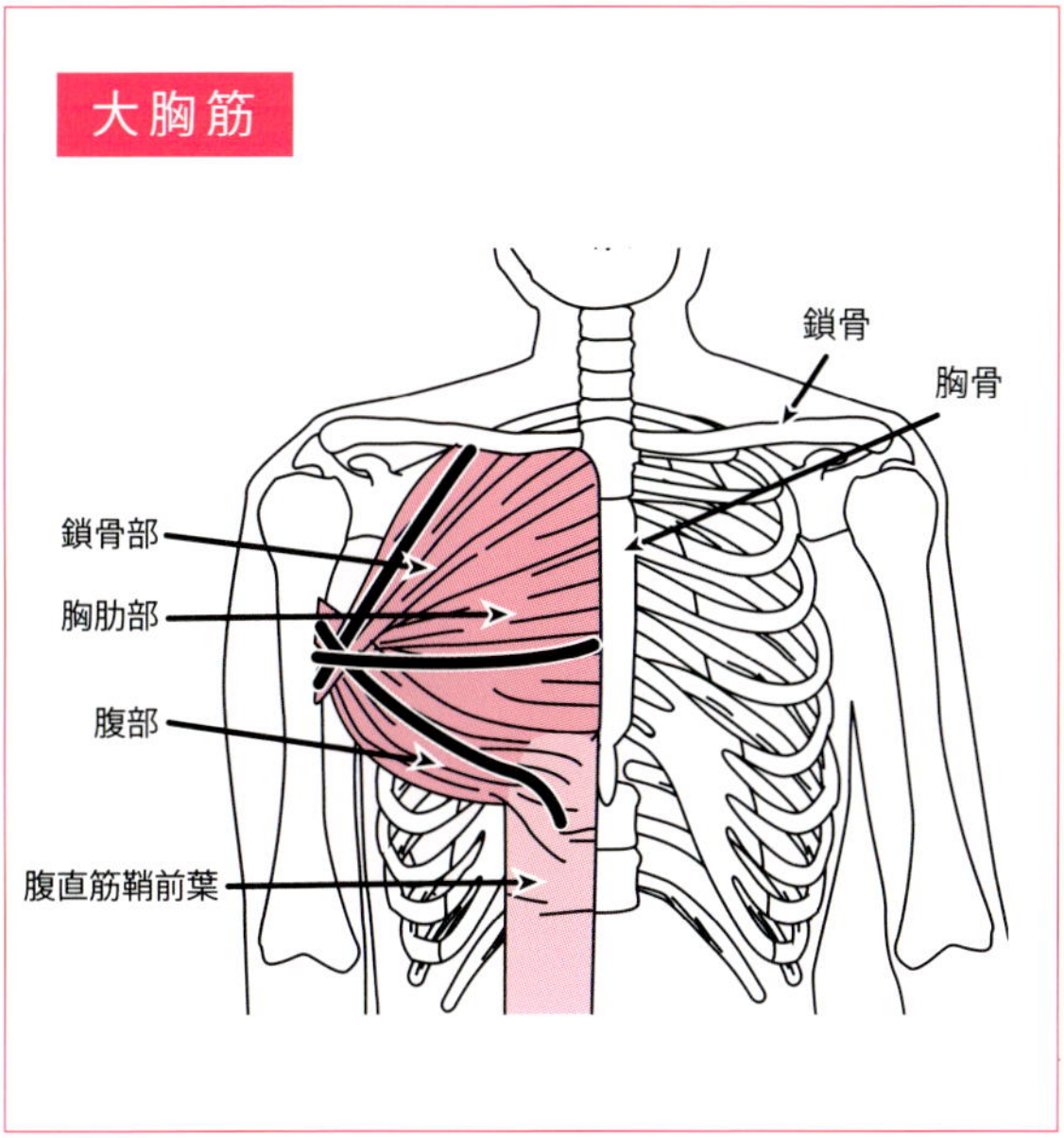

動作における役割

大胸筋が生み出す動作はたくさんあり、複雑です。

まず最も基本的なものが「肩の水平方向の内転」（いわゆるフライの動き。応援団が拍手をするような動き）です。それから「肩の前方挙上」。これは大胸筋と三角筋が共同で働きます。3番目は「肩の内転」。これは〝バンザイ〟から〝気をつけ〟の姿勢に移る動きで、大胸筋と広背筋が共同で働きます。そして4番目が「肩の内旋」。肩を内側方向にひねるように回す動きで、これも大胸筋と広背筋が共同筋となります。

大胸筋を最も必要としている生物は、鳥です。フライの動きは羽ばたく動作ですから、鳥にとって大胸筋は「飛翔筋」なのです。「ハト胸」という言葉があるように、鳥の大胸筋は体のわりに巨大。それをさらに大きくすることは、食料として考えた場合に重要なテーマであるため、じつは学術的に大胸筋が一番研究されているのは畜産の分野なのです。

人間の場合、大胸筋の大きさが日常生活やスポーツの動きに大きく影響するケースはほとんどありません。それでも、人はみんな大胸筋が好き。生活の足しにならなくても、胸がピクピク動くとうれしくなってしまいます。これはある種のセックスアピールというか、よく発達した大胸筋・分厚い胸板は外観上の男らしさに深く関係しているからでしょう。

では、スポーツにはまったく関係ないかと言うと、もちろんそんなことはありません。フライ動作のみを使う機会は少ないですが、たとえば肩の内転と肘の伸展が合わされば押す（プレス）動作になり、これはいろいろなスポーツ競技で重要になってきます。

また、肩の内旋は、野球でボールを投げたり、テニスのサーブなどでは必ず必要になる。ボクシングのストレートパンチもそうでしょう。単体での動きというより、他の筋肉と一緒になってさまざまな肩関節の動きに関連するというのが大胸筋の大切な役割なのです。

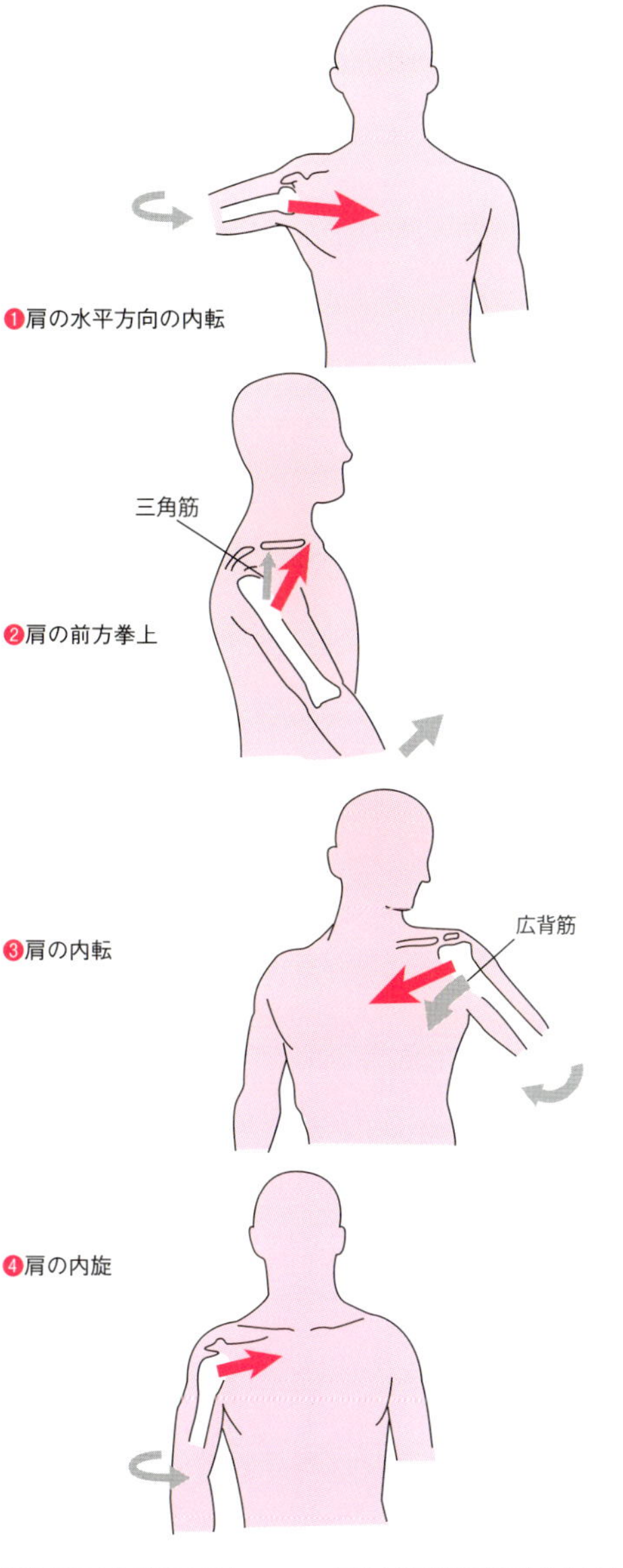

赤矢印が大胸筋による力　灰色の矢印は肩の動きを示す

基本的&効果的なトレーニング法

大胸筋を鍛える基本メニューは、ベンチプレスやダンベルプレス、フライなど。そして、65％1RM以上の「スタンダード」な負荷を使うと筋肉が太くなるということになっています。65～90％くらいの間で、本人に合った負荷を選べばいいでしょう。実験などでは、80％1RMという重量がよく用いられています。ただし、その強度でトレーニングを行なったとしても、回数が少なければ効果は上がりません。大切なのは、RM（最大反復回数）。限界に近い回数まで繰り返すことです。また、1セットよりも3セット行なったほうが、確実に効果が増すという報告もあります。ですから、65～90％1RMの重さで、RMまで繰り返し、それを3セット行なう。それを基本メニューとすればいいでしょう。

ベンチプレスは比較的簡単な種目と言えますが、肩の内転と肘の伸展が連動する複合関節動作です。しかもバーベルを持ち上げる時の体幹の固定、バーベルの軌跡のとり方など、いろいろな要素が必要になるので、初心者ほど筋力の発達より先に神経系の適応が起こり、やり方を習得することで最初は飛躍的に記録が伸びるものです。たとえば週に2回ベンチプレスをやったとしたら、2～3週間ほどで目に見えて記録が上がってくるというほどの即効性があります。たくさんの筋肉を協調的に使う種目ほど、トレーニング効果は出やすいのです。

ただし、それはあくまでデータ上の話。今ある筋肉をフル活用することがうまくなるだけ（学習効果と考えたほうがいいでしょう）で、オーソドックスなトレーニングでは筋肉がすぐに太くなるわけではありません。

それでも、1カ月もすれば胸が厚くなってきたという実感も得られるはず。3カ月も続ければ、やり方によっては見違えるほど変わってくる可能性はあります。

マシンよりもフリーウエイトのほうが筋肉への刺激が強いので、できればバーベルを使ったベンチプレスをメインの種目にしましょう。ただ、標準的なフォームなどを学んでも、人それぞれの解剖学的な違いや力の入れ方の違いもあるので、胸より上腕三頭筋を使ってしまったり、胸が疲れる前に腕が疲れてしまうということもあります。そういう場合は、補助的にダンベルフライやマシンを使ったペックデック・フライを組み合わせるといい。これらは大胸筋以外の周辺の筋肉をあまり使わないので、ベンチプレスと組み合わせることがポイントです。

ひとつ注意しなければいけないのは、拮抗筋である広背筋を同時にしっかり鍛えておくこと。大胸筋と広背筋はペアで働くことが多いので、バランスが崩れてしまうと肩が前のほうにズレてしまったり、動作を繰り返すうちにケガにつながる危険性もあります。

▲ ベンチプレス（ミディアムスパン）

①肩甲骨を寄せて、胸を張ってベンチに横になる。肘をやや曲げてバーベルを握り、真上でキープする。バーベルの握り幅は、肩幅の1.6倍（80cm強）を目安にする。②乳首よりやや上を目指し、胸につくようにバーベルをまっすぐ下ろしていく。下ろしきったら、胸を張ったままバーベルを押し上げる。胸を張っていないと、肩を痛めやすいので注意

ダンベルとバーベルの違いは？

プレス動作に関して言うと、ダンベルにはバーという邪魔がないので、バーベルよりも低く下ろすことができ、関節の可動域が広くなります。その分、筋肉が大きく動くため、エクササイズとしてはダンベルプレスのほうが効果的と言えます。

ただ、ダンベルは動作の難易度が高く、負荷を安定させるにはいろいろな細かい筋肉が必要になり、その分、バーベルに比べると重い負荷を持ち上げられなくなります。また、技術がないと軌道がズレたりしやすいので、やり方によってパフォーマンスにも影響します。目的やレベルに応じてバーベルとダンベルを使い分けることも考えましょう。

バーベルのグリップは肩幅の 1.6 倍

バーベルを持つ際の手幅はよく問題にされますが、プレス動作のパフォーマンスを最も高めるのは「肩幅の 1.6 倍」とされています。その幅で持つと、大胸筋 70%、上腕三頭筋や三角筋が 30% を担当するという状態になります。より大胸筋を鍛えたいと思ったら、少しワイドスパンにすればいい。ただし、広すぎると手首に負担がかかりすぎるので、1.6 倍を標準として少し広げる程度にするのがいいと思います。

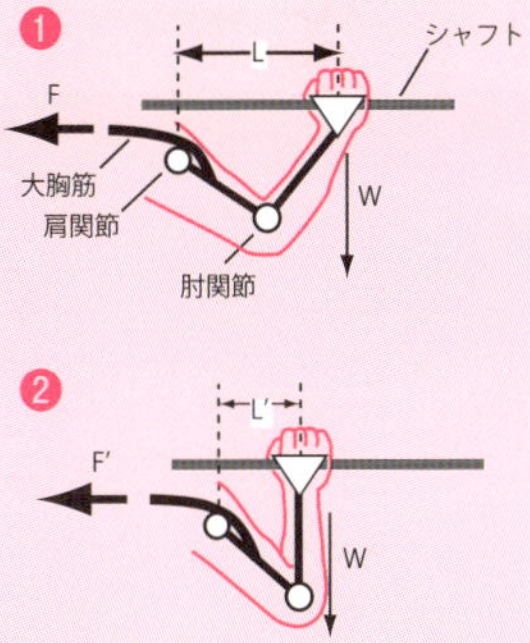

ベンチプレスによるスパンと肩関節トルクの関係

❶はワイドスパン、❷はナロウスパン。モーメントアーム長はワイドスパンの場合（L）のほうがナロウスパンの場合（L'）より大きく、したがって同重量（W）でも大胸筋にかかる負担（F）は大きい

ダンベルプレス

①基本姿勢は、ベンチプレスと同じ。肩甲骨を寄せて、胸を張ってベンチに横になる。ヒジをやや曲げてダンベルを握り、手の甲が頭側を向くように真上でキープする。②乳首よりやや上のラインを意識して、そこを目指してダンベルをまっすぐ下ろしていく。下ろしきった際の肘の角度は90度か、それよりやや鋭角になるくらいが望ましい。理想的な角度まで下ろしきったら、胸を張ったままダンベルをやや内側に向けて上げる。バーベルからダンベルに変えることで、やや深く下ろせるようになるため、胸の筋肉をよりストレッチできる。上げる時も体の中央寄りに上げることで、より胸の筋肉が収縮するようになる。ベンチプレスより、可動範囲が広がるメニューである

①

②

▼ダンベルフライ

ダンベルプレスよりもさらに胸をストレッチさせる種目。①肩甲骨を寄せて、胸を張ってベンチに横になる。肘をやや曲げてダンベルを握り、両手が向き合うように真上でキープする。②肘を曲げながら、ダンベルを外側に開くように下ろしていく。開ききったら、肘を伸ばしながらダンベルを戻す。ダンベルを支える際に、上腕二頭筋にも負荷がかかるメニュー

①

②

ペックデック・フライ

ダンベルフライの同系統種目。①背もたれに体を預け、バーを握る。正面を向き、体を固定させる。②ゆっくりと腕を閉じていく。閉じきったら、元の姿勢に戻る。ダンベルフライは横になっているので、ダンベルを上げた時は負荷が抜けきっている。しかしペックデック・フライはマシンなので、つねに一定の負荷をかけることができる。ダンベルフライより、胸が収縮した時に刺激を与えられるメニューである

インクライン・ダンベルプレス

背もたれの角度を高くすることで、胸の上部に刺激を与えるダンベルプレス。肩甲骨を寄せて、胸を張ってベンチに座る。肘をやや曲げてダンベルを握り、手の甲が頭側を向くように真上でキープする。②乳首よりやや上のラインを意識して、そこを目指してダンベルをまっすぐ下ろしていく。下ろしきった際の肘の角度は90度か、それよりやや鋭角になるくらいが望ましい。理想的な角度まで下ろしきったら、肘を伸ばし、胸を張ったままダンベルをやや内側に向けて上げる

インクライン・ダンベルフライ

背もたれの角度を高くすることで、胸の上部に刺激を与えるダンベルフライ。①肩甲骨を寄せて、胸を張ってベンチに座る。肘をやや曲げてダンベルを握り、両手が向き合うように真上でキープする。②肘を曲げながら、ダンベルを外側に開くように下ろしていく。開ききったら、肘を伸ばしながらダンベルを戻す

ケーブルクロスオーバー

①胸を張ってケーブルをつかみ、体を支えるために脚をやや前後に開き、前傾する。②ケーブルを体の中央に寄せていく。限界まで寄せたら、元の姿勢に戻る。ペックデック・フライと同様に、胸が収縮した時にも強い負荷をかけられるメニューである。しっかり踏ん張らないと、バランスを崩しやすいので注意

プラスαの筋肉知識

1 見栄えと筋力は比例する？

トレーニングによって筋肉量が増えれば、それに比例して筋力も増えるというのが定説。筋肉が10％太くなったら、筋力も10％伸びると考えていいでしょう。

体を大きくしたくない人、減量のある競技選手などの場合は、筋肉のサイズをあまり変えずに最大筋力を伸ばすということも可能です。90％1RM以上でトレーニングすると、今ある筋肉で発揮できるMAXの筋力が高まっていきます。とはいえ、そこにはおのずと上限があり、現在の筋肉量で出せる最大のレベルまで達したら、その後は筋肉を太くしていかないと筋力は上がりません。

また、筋力とベンチプレスなどの数値は必ずしも一致するとはかぎりません。ベンチプレスは大胸筋以外の筋肉が複雑に絡み合ってくるので、バーベルの挙上が上手・下手ということも関連してくるからです。フライのような水平方向の内転動作など単純なメニューであればあるほど、筋肉量と筋力は一致しやすいでしょう。

胸
腹
肩
背中
脚
脚・尻
上腕
前腕・下腿

ちなみに、男性の場合はわりと大胸筋の厚さと筋力との相関が高く、女性はあまり高くないという報告があります。また、同性であっても個人差はあるので、筋肉が大きければ大きいほど筋力も高い、とは言い切れない面もあります。

2 腕立て伏せで、どこまで鍛えられる？

腕立て伏せで大胸筋を鍛えることは可能です。筋肉を太くするには、14ページにもあるように65%1RMより重い負荷であることが条件。腕立て伏せでそのレベルの負荷をかけるには、約20回という回数が適当で、それがはっきり効果の出る限界と思っていい。つまり、20回以上できるようになったら、それ以上の筋肥大は望みにくいということです。ただ、腕立て伏せやベンチプレスは、スクワットなどに比べて明確なロッキング・ポジション（加重を支えているだけで、筋肉はリラックスしている状態）がありません。腕が伸びきっている状態でも、大胸筋や上腕三頭筋はかなり活動している。だから、後半になると維持するだけでもきつくなります。それも加味して考えると、20回を超えても、もう少しは伸びる余地があるかもしれません。

とはいえ、軽い負荷で行なう「スロートレーニング」でも、40%1RMが効果の下限なので、50回を超えたら、もう負荷としては軽すぎると考えていいでしょう。それ以上を望むなら、フリーウエイトなどに移行していく必要があります。

3

日本人は大胸筋が強い？

日本人は「押す力」が強いというのは、パワーリフティングの世界では通説です。

たしかに、ベンチプレスの世界記録の多くを日本人が持っているし、「引く力」に比べると「押す力」は外国人よりも強い傾向があります。

ただ、それが大胸筋の強さとイコールかどうかはわかりません。学術的なデータはないし、ボディビルのコンテストなどで日本人がとりわけ胸が大きいわけでもない。では、なぜベンチプレスなどの記録が高いのか？　それは技術的な要素が強いと思われます。フリーウエイトはバーベルのバランスをとったり、持ち上げるためのテクニックが問われる種目なので、力だけがすべてではないのです。勤勉な日本人は、そうした要素を外国人よりも深く研究することで結果を出しているのかもしれません。

ちなみに、男性は「押す力」が強く、女性は「引く力」が強いという傾向もあります。これは私たちも実験で試してみました。女性で腕立て伏せが苦手という人は多いのですが、そのかわり、エキセントリックな筋力（腕を引っ張られた時に、引っ張られまいとがんばる力）は女性のほうが高いのです。

4 戦略的に形を整えることは可能？

上部・中央部・下部といった具合に発達のしかたを分けることは可能でしょう。実際、ボディビルダーは筋肉を美しく見せるためにそうした工夫をしていますし、私自身の経験でもそれはあり得ると感じます。インクライン系（頭部を高くして、バーベルを斜め上へ押し上げる）の種目をたくさんやれば上部がつきますし、デクライン（インクラインの逆）で行なえば下部が発達しやすい。また、フライ系やケーブルクロスオーバーなどをやると内側に筋肉がつくと、なかば迷信的に言われています。それも10ページで触れたように、筋線維がすべて端から端までつながっていないのであれば、可能性はあるでしょう。

5 女性のバストアップ効果はある？

女性誌などでそういった記事を見かけることはありますし、取材を受けても、なかば誘導尋問的に「胸を鍛えたほうがいい」という答えを導き出されることがあります。たしかに、今あるバストが筋トレをやったせいで落ちるということはないでしょう。しかし、筋肉をつけることで乳房そのものの形が変わったり、筋肉が胸を引っ張り上げてくれたりという直接的な効果があるとは思えません。

ただ、全身の筋肉が発達して、それにともない皮下脂肪が落ちてくれれば、全体として引き締まった体になるので、結果的にバストアップしたように見えるかもしれません。

また、ベンチプレスなどのトレーニングをすることで、立った時に胸郭が広がったり、姿勢がよくなったりすれば、胸が前面に出てくるようになる可能性はあるでしょう。ですから、この問題に関しては全肯定もできませんが、全否定もできません。

6 呼吸にも関わっている？

大胸筋の基本的な機能は肩関節を動かすことですが、呼吸の際に補助的な働きをしているという研究がいくつかあります。息を強く吐き出す時、主に使われるのは肋間筋（肋骨の間の筋肉）ですが、同時に胸の筋肉も影響しているのではないかと思われます。

喘息や気管支炎の患者がベンチプレスをやると、症状が改善されたという報告もあります。咳き込んだ時の気出力も、ベンチプレスをやっていると強くなるという説があります。医学的な証明はされていませんが、もしかすると胸の筋肉をよく使うことで、胸郭そのものの機能が改善されることもあるのかもしれません。

COLUMN

大胸筋が発達しすぎると スピードが鈍るという誤解

スポーツ界には、筋肉を肥大させるとスピードが鈍るという考え方もありますね。たしかに筋肉は重いので、過剰に発達させすぎると、体重制限のある競技や身軽さが大切な競技では、マイナスになるかもしれません。

ただ、筋肉をつけて体を大きくしてもいい競技であれば、巷で言われるほどの問題はないと思います。

まず邪魔になったり、肩の可動域が制限されるほど大胸筋を発達させるというのは、ボディビルダーでもなかなかできません。「筋肉をつけると動きが遅くなる」という発想は、女性の「トレーニングすると、すぐ筋肉モリモリの体になっちゃう」という誤解と似ているかもしれません。むしろ、きちんとトレーニングすることで、肩まわりの筋肉を強化することのほうが、競技者にとっても大切ではないでしょうか。

『ポパイ』の腕のように、末端の筋肉が太くなると、「慣性」が大きくなり、動かしにくく止めにくい体になってしまいます。逆に体の中心に近いところに太くて強い筋肉があると、スピードを増すためには効果的です。それを考えても、大胸筋を鍛えることはプラスになると言っていいでしょう。

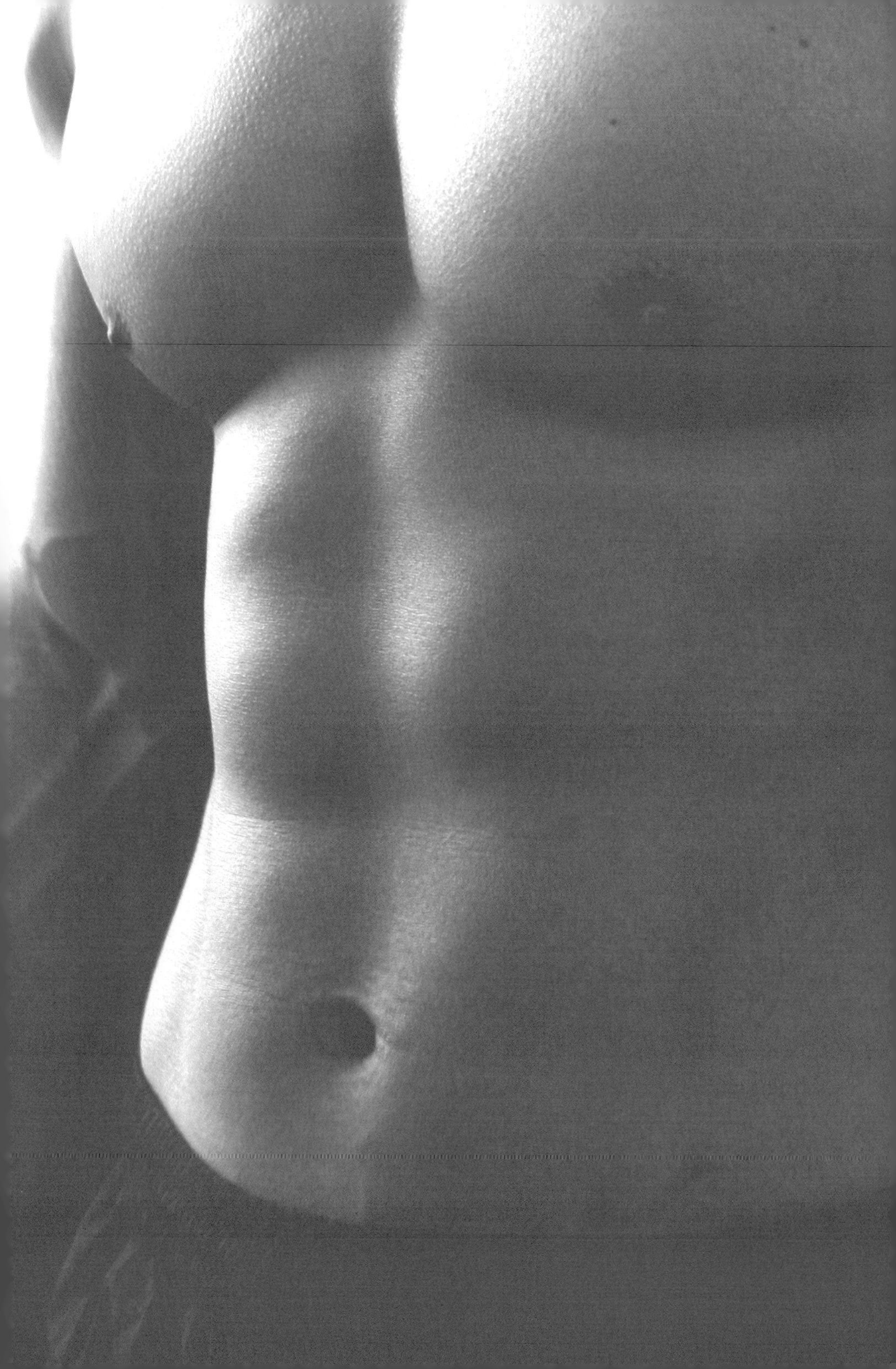

TRAINING METHOD

PART. 2

腹

＜腹直筋・腹斜筋・腹横筋＞

体幹をあやつる多層の腹筋群

一般的に「腹筋」と言うと、おなかの中央で割れている「腹直筋」を指すことが多いですね。腹直筋は胸骨から恥骨までつながっている筋肉で、筋線維と筋線維を腱が分断するように節状になっている（その形状から「多腹筋」とも呼ばれます）のが特徴。人によっても違いますが、平均的には縦に4つに割れていて、上の3つは短め。一番下の筋肉がおへそ付近から長く伸びています。

上から下まで一本でつながっていても機能的には済みそうですが、なぜわざわざ節状に分断されているのでしょうか。これは一本でつながっていた場合、おなかを前に曲げた際、収縮した筋肉がたわんで前方に飛び出してしまうからだと考えられます。また、分かれていることによって、おなかの曲がり具合を微妙に調節できるというメリットもあります。たとえば腹直筋の下のほうが収縮すれば、上体をまっすぐにしたまま腰の部分だけを曲げることができる。上のほうが収縮すれば、背中を丸めるような姿勢になります。そうした部分的な微調整をすることによって、腹直筋は背中の筋肉（脊柱起立筋）と共同し、脊柱をさまざまな角度で動かしているのです。

腹筋には腹直筋だけではなく、多層の腹筋群があります。脇腹のところでナナメに走っているのが、「外

胸
腹
肩
背中
脚
脚・尻
上腕
前腕・下腿

浅部腹筋群

外腹斜筋

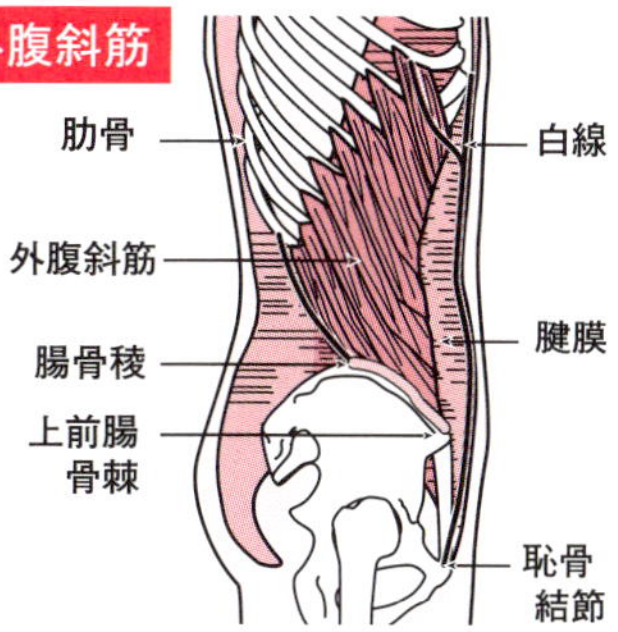

内腹斜筋

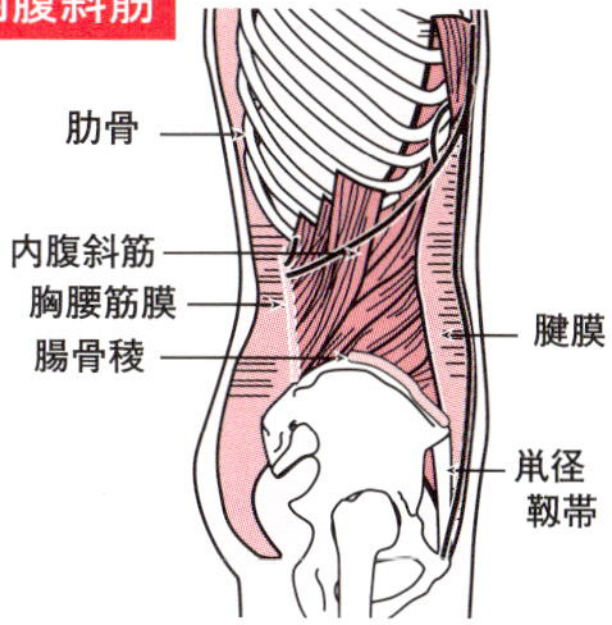

腹横筋

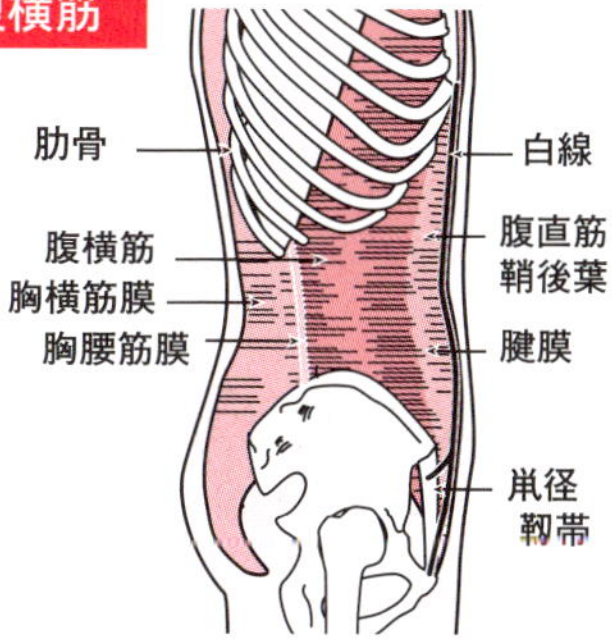

腹直筋

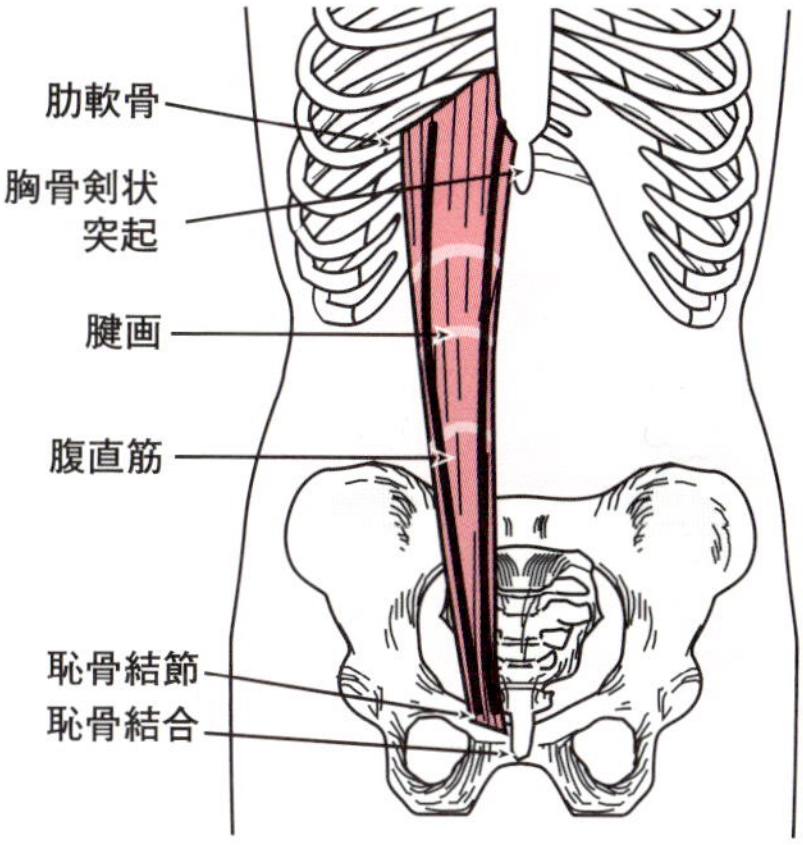

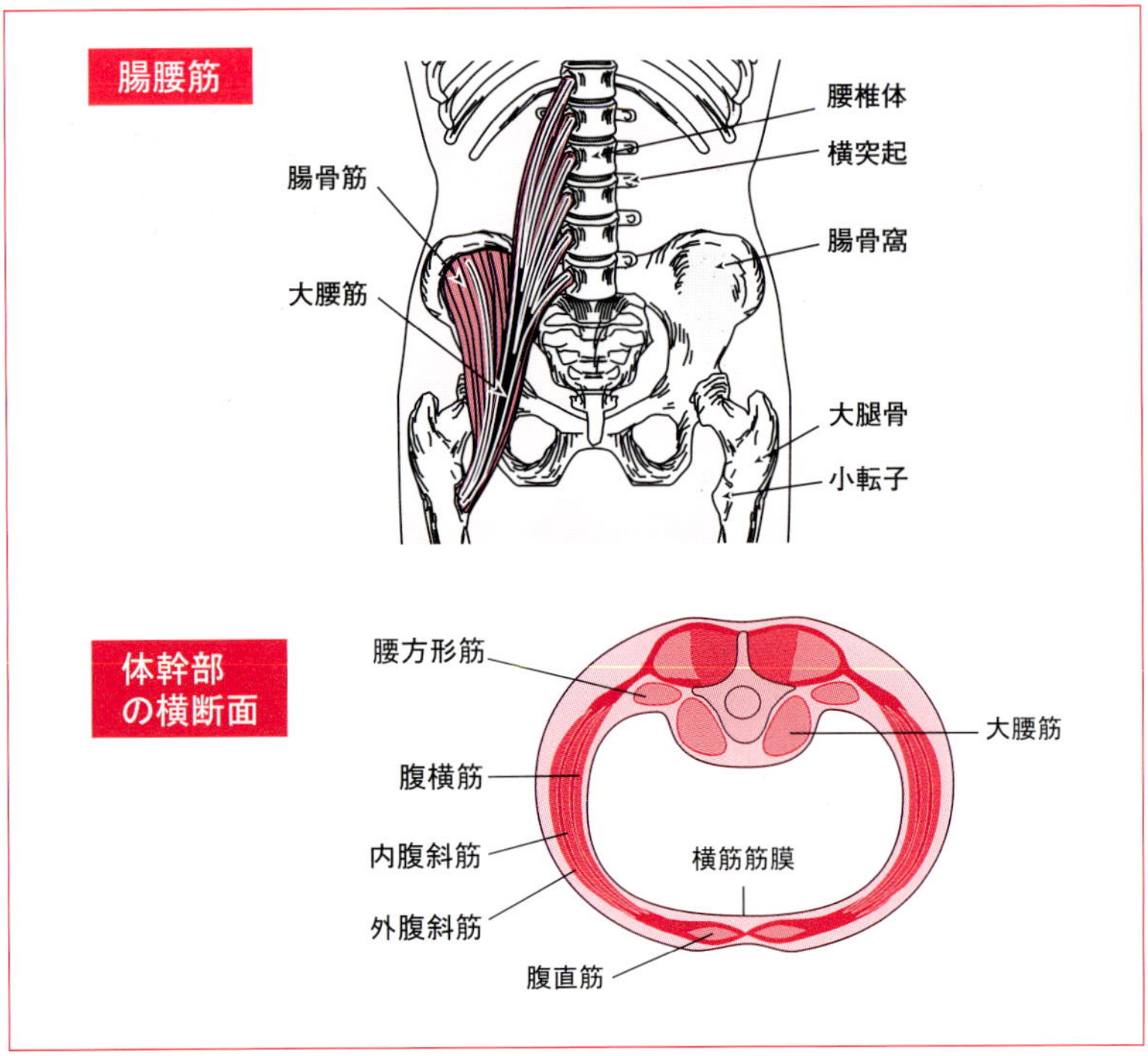

腹斜筋」。その内側で外腹斜筋と逆方向に走っているのが「内腹斜筋」。そのさらに内側には腹巻のように横に走っている「腹横筋」があります。一番上にある腹直筋と合わせて、この4層で構成されている腹筋群は「浅部腹筋群」と総称されます。

まだ終わりではありません。浅部があるからには「深部腹筋群」もあるわけで、俗にインナーマッスルと呼ばれている「大腰筋」「腸骨筋」(二つ合わせて「腸腰筋」とも言います)がそれに当たります。これら深部腹筋と浅部腹筋が全部合わさって、腹筋群ということになります。大腰筋などが腹筋群の一部であるということは、意外と知られていないかもしれませんね。

動作における役割

最も基本的な機能は、背骨をおなか側に屈曲する動作。その動きに関しては、腹筋群のほぼすべての筋肉が関与していると考えられます。とはいえ、われわれ人間が日常生活の中でおなかの屈曲・伸展をおおいに活用する場面はあまりありません。スポーツでも、水泳のバタフライや走り幅跳びなど特殊な競技に限られるでしょう。あるいはボクシングでボディブローを打たれた時にダメージをこらえる鎧としての役割も考えられますが、腹直筋をはじめとした腹筋群をダイナミックに使う動作というのは、意外に少ないのです。

では、最大の役割は何かというと、体幹を安定させて、保持することです。体幹がグニャグニャしていてもいいスポーツは、ほとんどありません。ジャンプする時も、走る時も、何かを投げる時も、いざという時は体幹が強く硬くなることで強い動作が生まれます。体幹が安定していれば、下半身がつくった大きな力を効果的に上半身に伝えることもできる。また、ケガの防止にもつながります。体幹を硬くする時は、腹直筋だけでなく、外腹斜筋や内腹斜筋なども一緒になって働きます。さらに、深部腹筋群も作用していると思われます。

体幹は腹筋群と脊柱起立筋によってバランスが保たれていますから、原則としては両方をバランスよく鍛えることが大切です。どちらか一方の力が強くなりすぎると、体幹に力を入れた時に偏りが出てしまう。それが障害につながる可能性もあります。腹筋群・背筋群の太さと、スポーツ選手の障害を起こす関係性について調べた研究結果があり、それによれば、体幹まわりの筋肉の横断面積の大きな選手のほうが、腰痛を起こす割合が少ない。因果関係はよくわかっていませんが、体幹の筋肉の厚さと腰のケガはどうも関連しているようです。

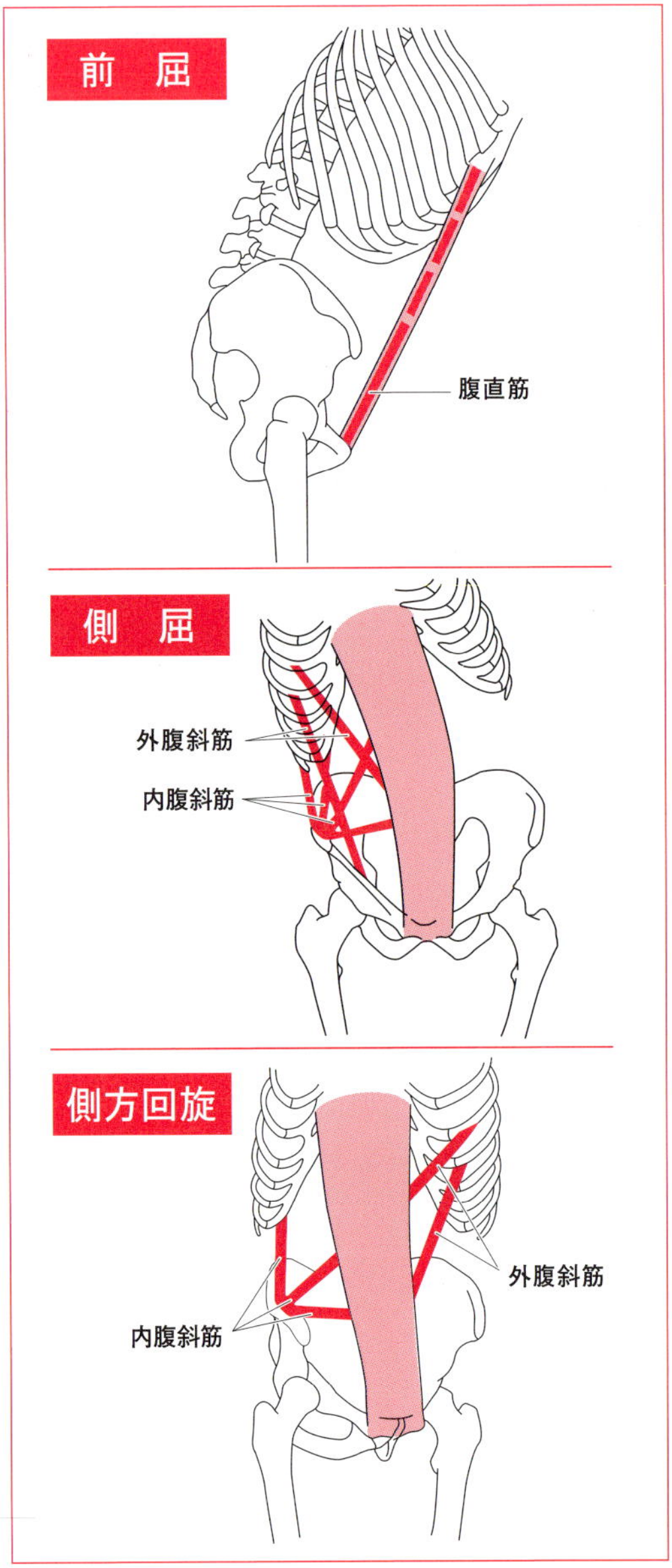

↑腹部の屈曲・伸展を利用して泳ぐバタフライ。このように腹筋を活用する動きは、日常生活でもスポーツでもあまり多くない

胴体をひねる動作は、基本的には外腹斜筋、内腹斜筋、腹横筋が主に使われているはずです。ただ、じつは腹斜筋や腹横筋の働きはよく調べられていないため、あくまで筋線維が並んでいる方向から解剖学的に予想できる働きということになります。真横に体をひねる場合は、外腹斜筋、内腹斜筋、腹横筋の3つ。起き上がりながら斜めに体をひねる場合は、外腹斜筋と反対側の内腹斜筋が〝たすきがけ〟状に力を伝達していくはずです。おなかを引っ込める動作は腹横筋が作用していると言われていますが、これも研究はされていないので解剖学的な予想ということになります。また、体を横に屈曲させる動作には、外腹斜筋と内腹斜筋、さらに深部腹筋である大腰筋も関連しています。

基本的&効果的なトレーニング法

一番ポピュラーなのは、いわゆる「腹筋運動」として浸透しているシットアップでしょう。一方、完全に起き上がらずに上体を巻き込むだけのスタイルは、クランチ、またはトランクカールと呼ばれています。これらが腹筋を鍛える基本的なメニューです。

腹筋は日常的に使われているため、持久性の高い筋肉です。本格的に鍛えようと思ったら、10RMとか80％1RMといった負荷にこだわるより、とにかく回数を多くやること。これまでトレーニングをしたことのない人なら、30〜50回といった回数で続けているだけでも十分に肥大します。一般の人なら1セットでも効果はあるでしょうが、真剣に腹筋を割りたい人は3セットくらいやりましょう。各セット50回はキツいかもしれないので、50回、30回、20回でトータル100回でもいい。回数を正確にこなすというより、腹筋が熱くなって限界に近づくまで続けるというやり方がいいと思います。

トレーニングの頻度も高めがいいでしょう。一般の人なら週2回程度でもOKですが、しっかり鍛えたい人は一日おきくらいにやってもいい。私も現役時代はシーズン前になると、ほぼ毎日やっていました。

完全に体を起き上がらせるシットアップは、腹直筋だけでなく外腹斜筋や内腹斜筋、大腰筋や腸骨筋も使い、さらに大腿直筋も使っていますが、大腰筋を強く使ってしまうと重い頭を持ち上げるために腰に負担がかかるという説があります。研究データはありませんが、実際、シットアップで腰を痛める人は多いようです。かといって、大腰筋の働きを意図的になくすことは難しい。それなら大腿直筋がなるべく活動しないようにするのがいいだろうということで、どういう腹筋運動がいいかという研究が、20年くらい前にされています。

そこで導き出されたのが、足首を固定しないで膝を曲げるフォーム。これは大腿直筋があまり働かないので、大腰筋や腸骨筋の活動も小さくなる。その結果、腰を痛めることが少なくなる、という推察が成り立ちます。あくまで推察であって確証があるわけではありませんが、そういう腹筋のやり方が広まることによって、腹筋運動で腰が悪くなったという人はたしかに少なくなっています。ですから、腰に問題がある人や初心者は、まず足首を固定しないで膝をゆるく曲げ、背中を曲げておへそを見るようなクランチからはじめたほうがいいかもしれません。

腰に問題がない人、それなりに腹筋が強い人には、最後まで起き上がったほうがトレーニング効果は大きくなるので、シットアップをおすすめします。

さらに、腹筋や大腰筋を酷使するスポーツ選手で腰に問題がない人であれば、深部腹筋も含めて腹筋群全体を強く使えるように、足のほうを高くして角度

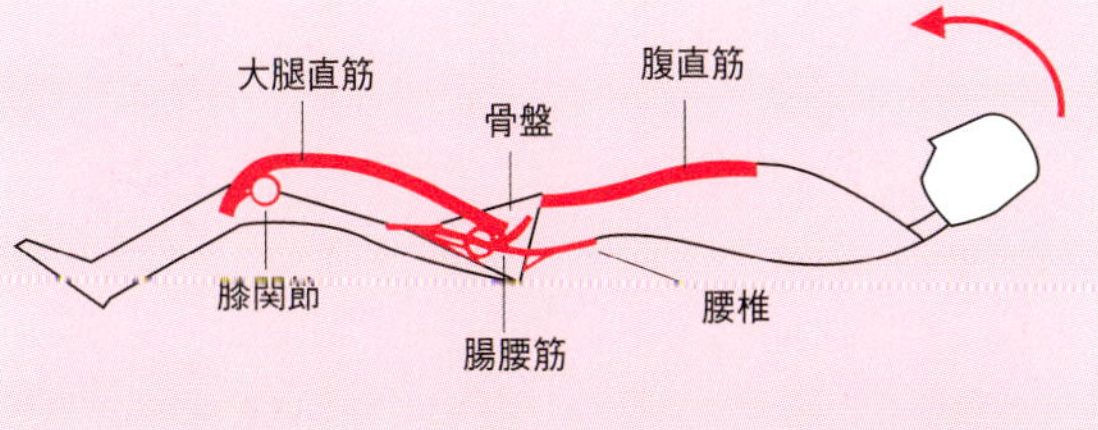

シットアップにおける腹直筋、腸腰筋、大腿直筋の作用

をつけたデクライン・シットアップを取り入れてもいいでしょう。

つけ加えると、理想的なシットアップは、クランチから2段階で起き上がっていくやり方です。体をまっすぐに立てたまま起き上がっても効果は低いので、クランチまでは腹直筋をよく使い、次のモーションとして起き上がる時に腸腰筋を使うようにする。下ろす時も、丸めた背中を床につけてから、背中を伸ばしていくという2段階動作にする。シットアップは脊柱の屈曲と股関節の屈曲が合わさった種目で、クランチは脊柱の屈曲のみを行なう種目であると考えましょう。

ひねりを加えたツイスティング・シットアップは、外腹斜筋、内腹斜筋に作用します。また、バーベルを持って体を左右にひねることによって内・外腹斜筋を鍛えるメニューもありますが、これらの筋肉への効果を考えるのであれば、むしろサイドベンドのほうがプラスになると思われます。

続いてレッグレイズ系ですが、これは腹直筋の上部より、おへそから下の部分が強く力を出します。また、体幹は固定しているだけなので、強く使うのは股関節の屈筋——大腰筋、腸骨筋、大腿直筋。深部腹筋を鍛えるなら、シットアップよりレッグレイズ系のほうが効果的と言えます。

ただ、頭も重いですが、足も重いので、足を伸ばして振り上げると、腰に負担がかかります。負担を軽くするには、膝を曲げた状態でやるといい。あるいは腰のことを考えるなら、膝を曲げた状態で胸に近づけるニー・トゥ・チェスト（ニー・プルイン）もいいでしょう。これは中高齢者に推奨されているトレーニングでもあり、腹直筋、大腰筋、腸骨筋をバランスよく使うので、家庭で行なう運動としては、かなりおすすめできます。

シットアップ

腹筋と合わせて腸腰筋にも負荷をかけられるメニュー。①背中や腰を痛めないように、膝を立てる。両手は頭に固定させる。②腰を曲げ、地面と90度になるくらいまで上体を起こす。起こしきったら、元の姿勢に戻る

①

②

▼クランチ（トランクカール）

①膝を立て、両手を頭に固定させる。②みぞおちを支点にし、頭を起こす。起こしきったら、元の姿勢に戻る。シットアップと支点が違うが、腹直筋は恥骨からみぞおちのあたりまでついていて、股関節屈曲は関与しない。純粋に腹直筋だけを鍛えるのであれば、これだけで十分に効果がある

レッグレイズ

腹直筋下部を意識的に鍛えるメニュー。大腰筋などにも負荷をかけられる。①力が抜け切らないように、脚を地面から少し浮かせる。②体と脚の角度が90度になるくらいまで、脚を上げる。上げきったら、元の姿勢に戻る

▼ デクライン・シットアップ

後方に傾いたベンチを使うことで、強度を高めたシットアップ。より腸腰筋を使うこともできる。①頭が下になるようにベンチに横たわり、膝をかけて体を固定させる。②腰を曲げ、地面と 90 度になるくらいまで上体を起こす。起こしきったら、元の姿勢に戻る

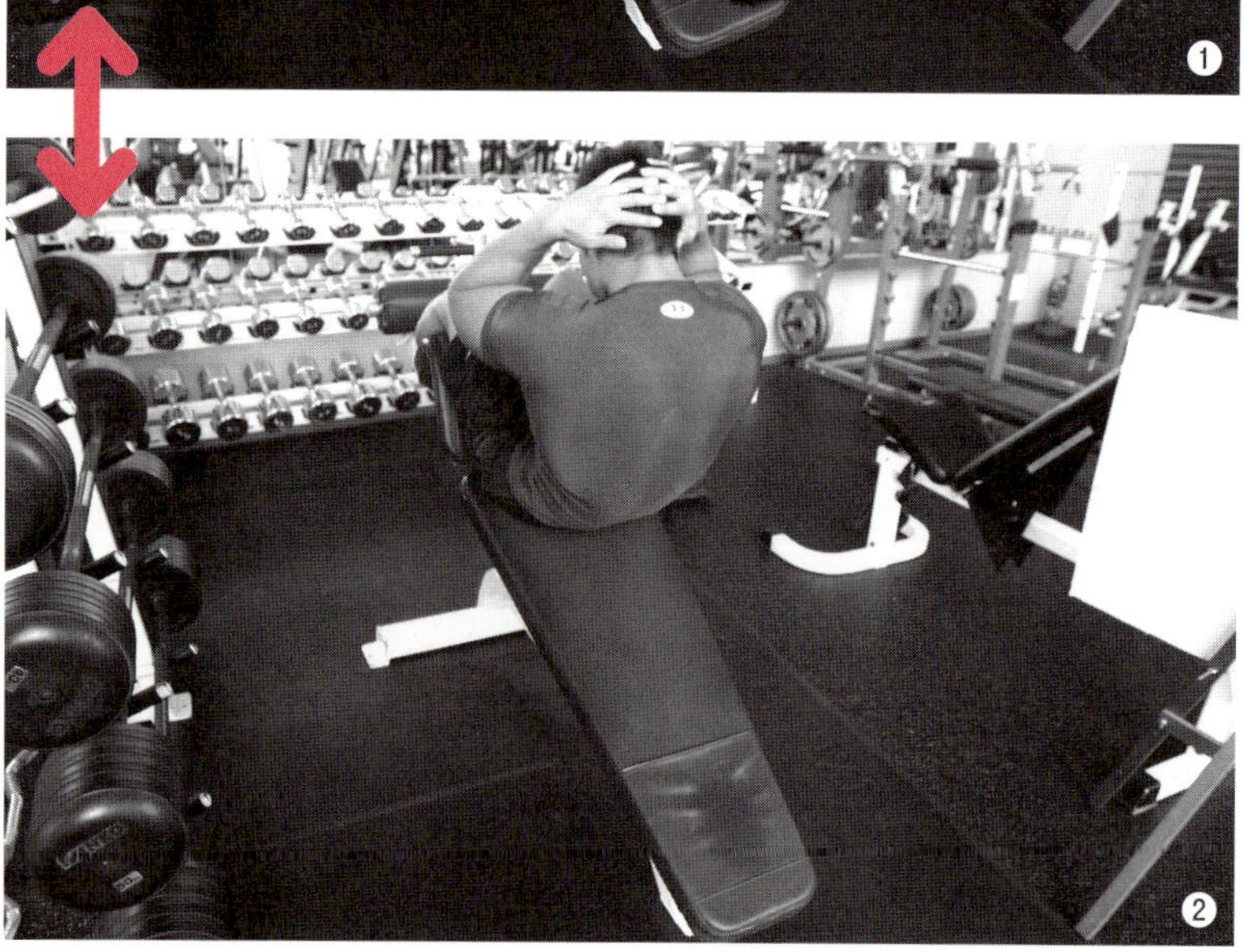

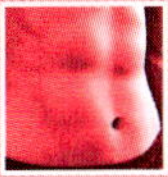

ニー・トゥ・チェスト

レッグレイズよりも、腰椎にやさしいメニュー。①脚を床から離し、膝を軽く曲げる。②胸につけていくようなイメージで、膝を近づけていく。限界まで寄せたら、元の姿勢に戻る

①

②

▼ ツイスティング・シットアップ

ひねりを加えたデクライン・シットアップ。①頭が下になるようにベンチに横たわり、膝をかけて体を固定させる。②腰を曲げ、上体を起こす。始点と終点の中間くらいの位置で、腰をひねる。③地面と90度になるくらいまで上体を起こし、腰をひねりきる。そして元の姿勢に戻る。これを左右交互に繰り返す。上体をひねることで、腹斜筋にも強い刺激を与えることができる

③

「ドローイン」で腹筋効果が3倍に？

腹筋群には「呼吸筋」としての機能もあります。息を強く吐こうとすると、腹筋群が補助的に収縮して腹腔内圧を高め、横隔膜を肺のほうにへこませて、肺の中の空気を外へ強く出す手助けをします。息を吸う時、横隔膜は収縮しておなか側に動きます。すると、おなかの圧力が上がるので、腹筋の力を抜いていればおなかが前に出る。おそらく、ほとんどの人が横隔膜を使って呼吸をしていると思われますが、意図的に腹筋を使うことによって深い呼吸を行なう——これがいわゆる腹式呼吸です。

息を吸う時におなかが膨らむようにし、吐く時にへこませるのが通常の腹式呼吸ですが、東洋武術などには「逆腹式呼吸」というものがあります。おなかが緩むと体が不安定になるので、つねにおへそを引っ込めるように意識しながら呼吸をする。これが逆腹式。じつは、これは西洋的なトレーニングでも大事なことなのです。横隔膜を下げて息を吸う時に、腹筋にギュッと力を入れておくことで腹腔内圧が上がり、体幹が安定するからです。

最近ではリハビリの分野でも、おへそが背中側につくようにおなかを引っ込めることが推奨されています。「ドローイン」と呼ばれるもので、これをやると腹横筋が鍛えられて、体幹の安定性が増すので腰痛の改善に効果的だというのが売り文句となっています。

ドローインは、東洋で言うと逆腹式呼吸に相当すると思います。吸う時におなかを引っ込めるのですが、吐く時は腹筋に力が入っていれば、とくにおなかを意識しなくてもいいでしょう。要は、力を入れっぱなしという感覚です。

今のところ腹横筋の働きはよくわかっていないのですが、経験的にはドローインは十分に効果的だと思われます。腹横筋をしっかり鍛えると、腹筋効果が3倍ほど上がると言えるでしょう。腹筋を鍛えようと思ったら、何も考えずに500回やるより、筋肉の動きをよく考えて100～200回やったほうが効果ははるかに大きくなるのです。

▼ サイドベンド

ダンベルを持っていない側の腹斜筋を集中的に鍛えるメニュー。①片手でダンベルを持ち、より腹斜筋が伸びるように、もう片方の手で頭を抱え込む。②体幹を側屈させ、肩ごとダンベルを下ろしていく。体幹を傾けないように注意すること。腹斜筋を限界まで伸ばしきったら、元の姿勢に戻る。片側ずつ行なう

②

①

プラスαの筋肉知識

1 腹直筋が節状になっている理由

腹直筋が節状に割れているのは、人間の先祖が節（体節）のある動物だったことに由来していると言われています。人間の形になる前、われわれの祖先は昆虫やイモムシと同じような体をしていた時代があったのでしょう。その胴体部分のなごりが、そのまま腹筋の形として残っているわけです。

節のある筋肉は「多腹筋」と呼ばれていると32ページで述べましたが、じつは腹直筋以外の多腹筋は人体にありません。

また、不思議なことに、腹直筋は人によって割れ方が違うのです。数が違っている人がいたり、左右のブロックがズレていたりする。明確な理由はわかりませんが、おそらくこれは遺伝的な問題でしょう。

2 腹直筋と腹横筋は拮抗筋

47ページでも触れたように、腹筋群には、「呼吸筋」としての働きもあります。腹腔を縮めて息を強く吐こうとすると、外腹斜筋、内腹斜筋、腹横筋などが働いて体幹が硬くなる。その状態で腹筋運動をしようとすると、体幹が硬くなっている分、腹直筋にかかる負荷が強くなります。

体を前屈させることだけを考えるなら、おなかはやわらかくなっていたほうがいい。しかし、日常生活やスポーツ動作で重要なのは、体幹をしっかり保持すること。腹直筋だけではなく、まわりの筋肉も一緒に使いながらトレーニングしたほうが現実に近い。体幹を硬くするというのは、純粋に腹直筋を使った動きとしてはヘタな動作ということになりますが、周囲の筋肉が主働筋の邪魔をしたほうが結果としては効果的と言えるのです。

補足すると、腹横筋、外腹斜筋、内腹斜筋などが収縮すると、腹腔が締まります。しかし腹腔内の体積は同じなので、その分、腹直筋が縦に伸ばされる。逆に腹直筋が縮むと、外腹斜筋などが伸びることになります。つまり、腹直筋と腹横筋などは拮抗筋になっているわけです。専門用語では「ハイドロ・スタティック・スケルトン」（静水圧骨格）と言います。これらは圧力を介した拮抗筋で、お互いに負荷をかけあいながら、トレーニングしているということになる。「フ―――」と息を強く吐きながら集中してシットアップを10回やったとすると、何も考えずに数十回くらいやるのと同じくらいの効果があるはずです。

3 腹筋を押すトレーニングの効果は？

腹に押しつけることで腹筋を鍛えましょう、というトレーニング器具があります。テレビの通販番組などでも紹介されていますが、あれはわりとよく考えられていると思います。というのも、先にも書いたように腹筋はダイナミックに動いて力を発揮する筋肉ではありません。体幹を固定するという本来の性質から考えても、前方から何かを押しつけて力を入れるのは、生理学的な特性に合っていると言えるのです。

筋肉を太く強くするという観点から言うと、止まっていたのではエネルギー的な刺激が少ないので、なるべく動いたほうがいい。その点でも、あの器具を使った運動は完全に止まっているのではなく、力を入れる時に多少動くので、クランチと同程度の脊柱の動きはあるでしょう。また、押されると人間は体幹を固定しようと対抗するので、呼吸筋としての役割も自然に発揮されるようになるでしょう。知らないうちに、いい腹筋の使い方をしている可能性は高いと考えられます。

4 「部分やせ」は可能？

腹筋をすると、おなかの脂肪は落ちるか――いわゆる「部分やせ」の問題ですが、これはおそらく可能です。ただし、毎日20回の腹筋を1カ月続ければ腹筋が割れてくるかというと、そんなことは起こりません。

なぜなら、それは「エネルギーを使うと脂肪が減る」という条件を満たしていないからです。筋肉は太くなるかもしれませんが、脂肪を減らすにはそれに見合ったエネルギーを使う必要がある。今までの「部分やせはできない」という生理学的な定説は、エネルギー消費の少ない実験に基づいているわけですね。

おなかを割りたい、おなかについた脂肪も落としたい、という場合は、脂肪を燃焼させるエアロビックな運動を兼ねたトレーニングをしないといけません。たとえば「ビリーズブートキャンプ」のような運動をしながら、とくに腹筋を使う種目を増やせば、おなかの脂肪は効果的に落ちていくでしょう。

私は現役時代、二日に一度、５００回連続で腹筋をやっていました。ゆっくり腹筋を意識しながらやっていると、終わるまでに30分ほどかかります。これはエアロビックな要素を満たしている。ですから、どんどん脂肪が落ちて、腹直筋が割れてきます。このようなトレーニングなら「部分やせ」は可能です。

テレビの1時間番組が終わるまで腹筋を続けるというくらいの覚悟でやれば、3週間もすれば変化が出てきます。でも、これは普通の人にはなかなか難しい。腹筋運動だけでやせようとせず、ウォーキングなどのエアロビックな運動でエネルギーを使うようにしたほうがいいでしょう。

5 女性の腹直筋は割れにくい？

腹筋は、女性のほうが太くなりにくい筋肉ではありません。実際、最近はスプリント競技などでおへその出るウェアが多いこともあり、男性なみに割れている女性アスリートを見る機会も増えてきました。

ただ、女性は全体的に男性より筋量そのものが少ないので、腹筋も厚さも男性ほどはありません。また、おなかまわりについている皮下脂肪の量も多いため、腹直筋が浮き出てくるまで脂肪を減らすのが難しい。体脂肪率が10％を切るくらいでないと、腹筋はなかなか表面に出てきません。女性の場合、それは生理学的に危険な状態でもあるので、そこまで減らさないほうがいいでしょう。

そもそも、女性の腹筋が割れにくいというイメージがあるのは、あまり腹筋を割りたいという願望のある人が少ないからというのもあるでしょうね。

COLUMN

サッカー選手は大腰筋が太い？

腹筋のトレーニングは脚を体に引きつけるような動作が多いので、キック力も高める効果があるのではないかと考える人もいるようです。

しかし、キック力に関しては、腹直筋をはじめとした浅部腹筋の強さはあまり大きな影響を及ぼさないようです。

むしろ深部腹筋群のほうが関連していると考えられます。大腰筋や腸骨筋は股関節を屈曲させて、太ももを前のほうへ持ち上げる働きもあるのです。実際、サッカー選手は大腰筋が太いという報告があります。

スプリンターも同様で、オリンピック級の選手になると、大腰筋がひじょうに発達している。100m走の記録と大腰筋の太さには相関があるというデータも出ています。

また、黒人は白人に比べて大腰筋が３倍も太いという研究論文もあります。黒人は、生まれつきスプリンターに向いていると言えるかもしれません。

TRAINING METHOD

PART.3

肩

＜三角筋・僧帽筋＞

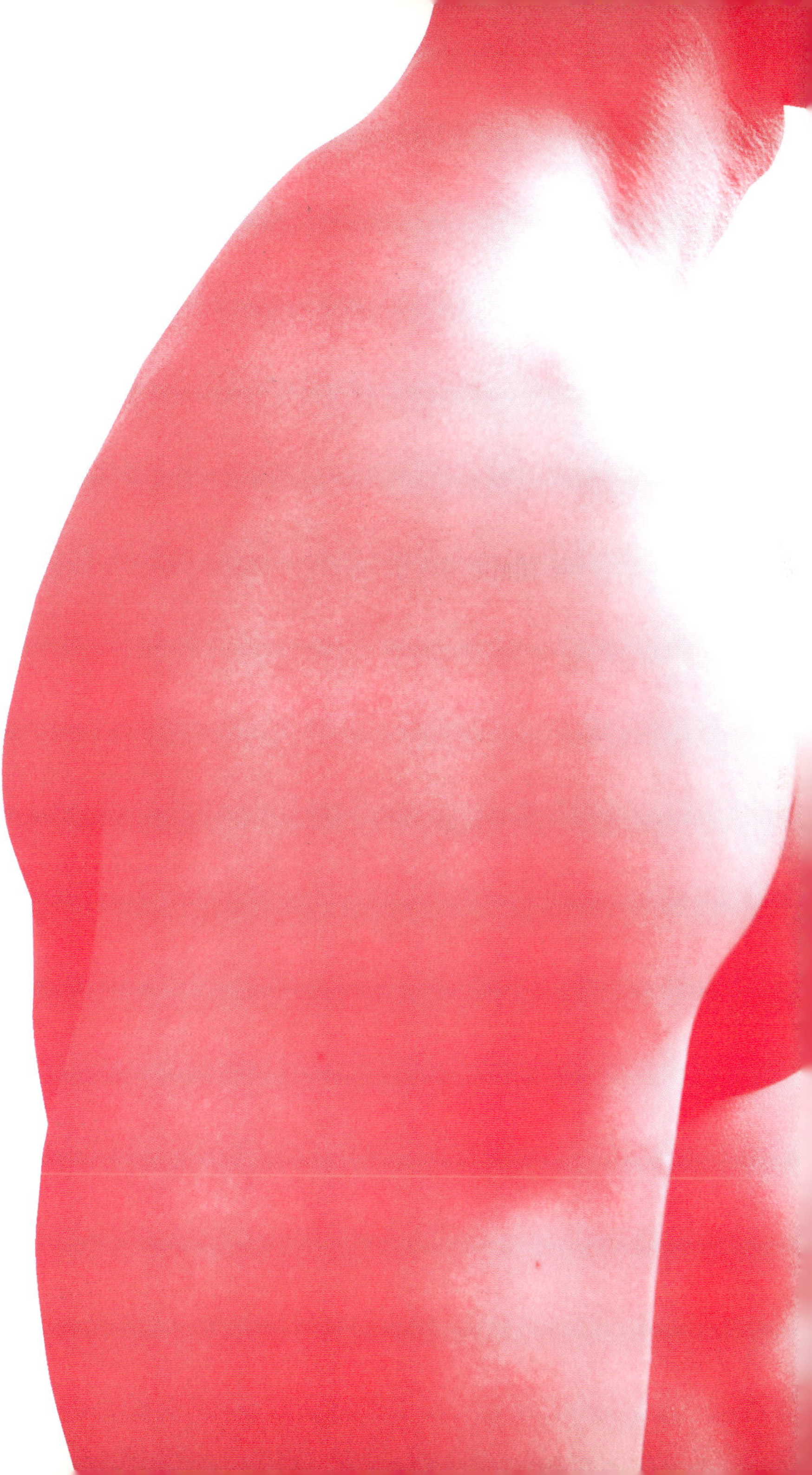

上半身の運動の要となる筋肉

人間の運動の多くは、最終的には四肢の先で何をするかということが問題になります。上半身に限定すると、大胸筋などが動作の元となるエネルギーを生み出しますが、それを腕の先まで伝えていかなければ、ほとんどの運動は成立しません。そして、上半身の運動は、ほぼすべて肩が起点となっています。つまり、肩は上半身の運動の要。肩を動かす筋肉は、体の中でもきわめて重要な役割を担っていると言えます。

三角筋は、肩関節全体を前方・中央・後方のあらゆる角度から覆うようについている筋肉です。機能としては、①腕を側方に外転させる（真横に上げる）、②大胸筋と共同して腕を前方に上げる、③広背筋と共同して腕を後方に上げること。他の筋肉と連動しながら、肩全体の動きをサポートします。また、肩関節に大きな力が加わった時、外側から包み込むようにして安定させるという働きもあります。

僧帽筋は三角筋の背面側にあり、全身の中でもとくに大きな面積を有しています。同じく面積の大きな広背筋とともに肩を水平方向へ外転させる時に働きます（僧帽筋は側方への外転動作、また肩をすくめる動作でも重要な役割を担っています）。

大胸筋は水平方向への内転（フライ動作）や前方への挙上動作など、体の前方に力を発揮することがメイ

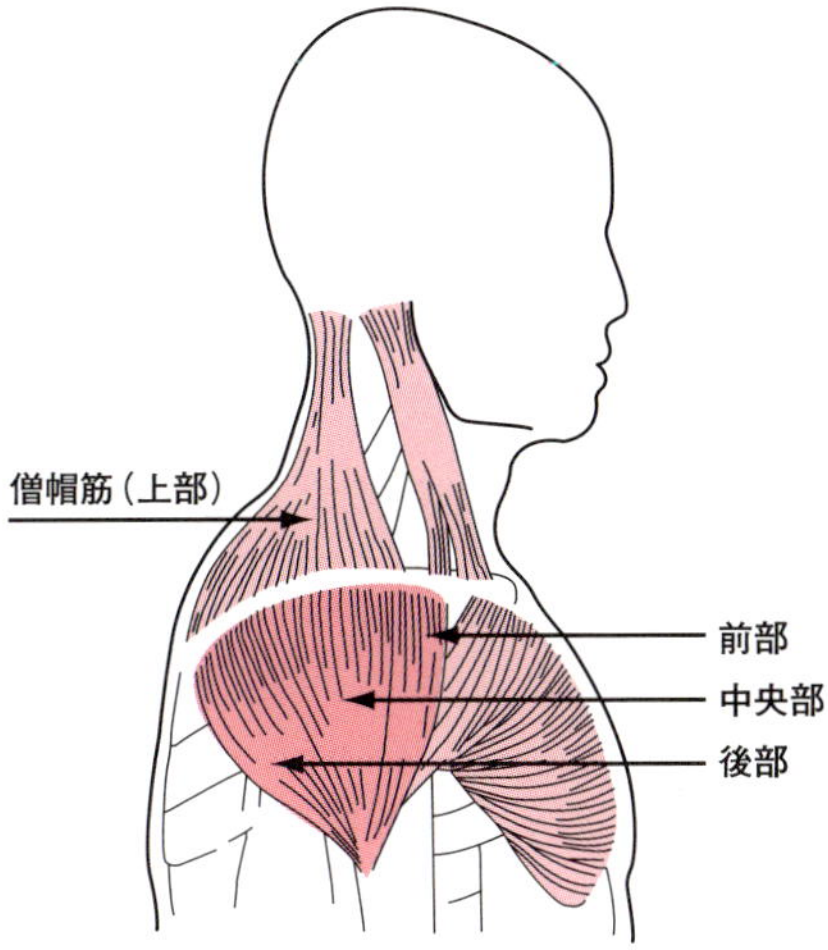

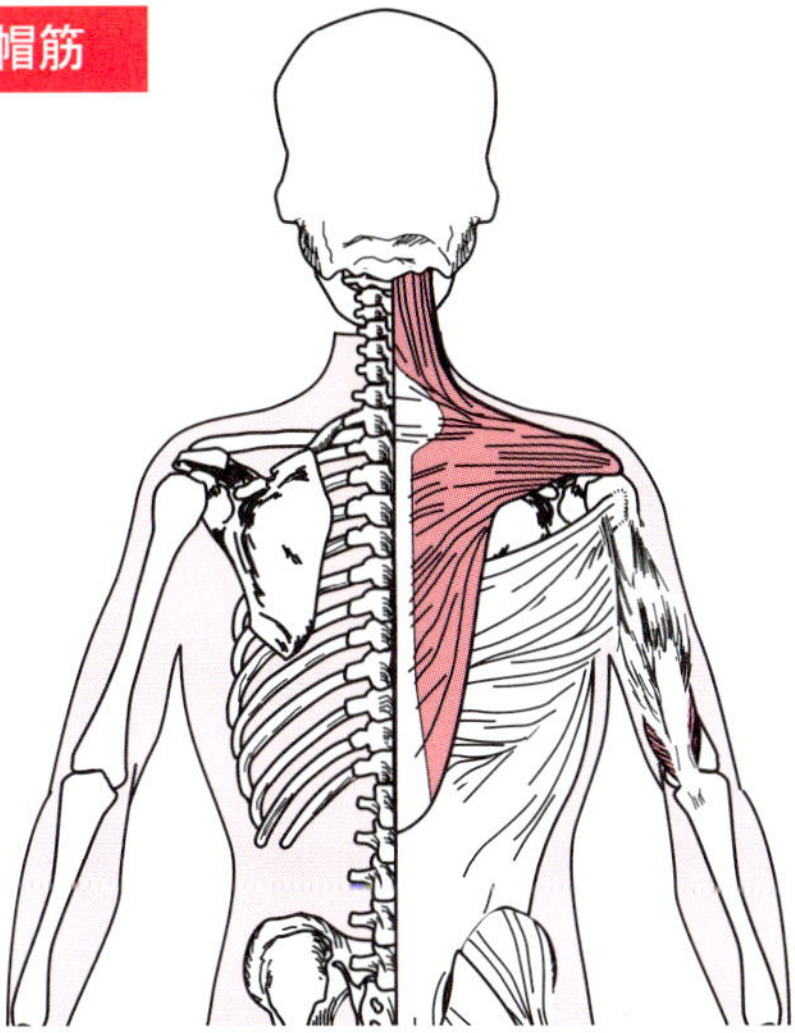

ンの筋肉でした。それに対して水平方向への外転、つまり肩を後方へ引っ張ることで前方にあるものを引きつけたり、後方へ挙上したりすることもひじょうに重要です。「押し」と「引き」は、並行して鍛えていかなければいけません。大胸筋ばかりトレーニングして前方への力ばかり鍛えてしまうと、筋肉がアンバランスになってしまいます。「押しが強い」＝「引きが強い」という状態にすることが、バランスのとれたいい筋肉と言えるでしょう。（広背筋については、次章で詳しく解説します）

動作における役割

三角筋は前・中・後と三つのブロックに分けることができます。腕を前に上げる時は前の部分、横に上げる時は横の部分、後ろに上げる時は後ろの部分の筋肉が主に働きます。

ただ、56ページでも述べたように、三角筋は単独ではなく、他の筋肉と連動しながら動くのが普通です。腕を横に上げる場合は、耳の位置くらいまでが三角筋の守備範囲。〝気をつけ〟の姿勢の腕の角度を0度とすると、120度くらいまでです。それ以上の角度に上げようとすると、今度は僧帽筋の上部や肩甲挙筋などが働き、肩甲骨を外側にぐるりと回すように作用します。頸椎と肩甲骨を結んでいるこれらの筋肉が縮むことで、肩甲骨が外転するのです。

このように、単純に肩を上げる動作においても、いろいろな筋肉が関与しています。三角筋は主動筋ではありますが、いくつかの筋肉が協調して同時に働かないと動きが不自然になったり、ケガにつながってしまうこともあるのです。

また、肩関節はボールジョイント型と言って、ボール状の骨とおわん状の骨が関節を形成しているため、きわめて自由度の高い動きができます。その分、一歩間違えると、骨同士がこすれたりして傷ついたり、脱臼したりと障害に結びつきやすい。そうならないように、いろいろな筋肉があらゆる方向からサポートしないといけないわけです。

肩関節をサポートしているのは、外側にある筋肉だけではありません。インナーマッスルについても少し解説しておきましょう。

肩甲骨の内側にある肩甲下筋や小円筋、棘上筋、棘下筋など、いわゆる「ローテーターカフ」と呼ばれる筋肉が、一般的に「肩のインナー」と言われます。これらは主に肩を外旋（外側へ回す）する時に働き、自由度の高い肩関節を深いところでサポートしています。

他にも僧帽筋の下側に菱形筋という筋肉もあります。これはいわゆる外旋筋群ではありませんが、外から見えないという点ではインナーのカテゴリーに入れてもいいでしょう。

こうした深層筋たちは、肩関節を体の中心側にぎゅっと押さえつけるような働きをします。つまり、三角筋や僧帽筋などの働きと拮抗しながら、肩関節のボールが正しい位置で回るように調整しているのです。複雑な動きが可能な分、そこに関わる筋肉も多くなる。いろいろな筋肉が関与して、球の中心が運動の回転中心になるように安定化されていると、大胸筋や広背筋によって大きな出力が発揮された時も肩関節がズレにくくなります。そうしたインナーマッスルのおかげで、三角筋や僧帽筋なども存分に働くことが可能になるのです。

肩の前方挙上

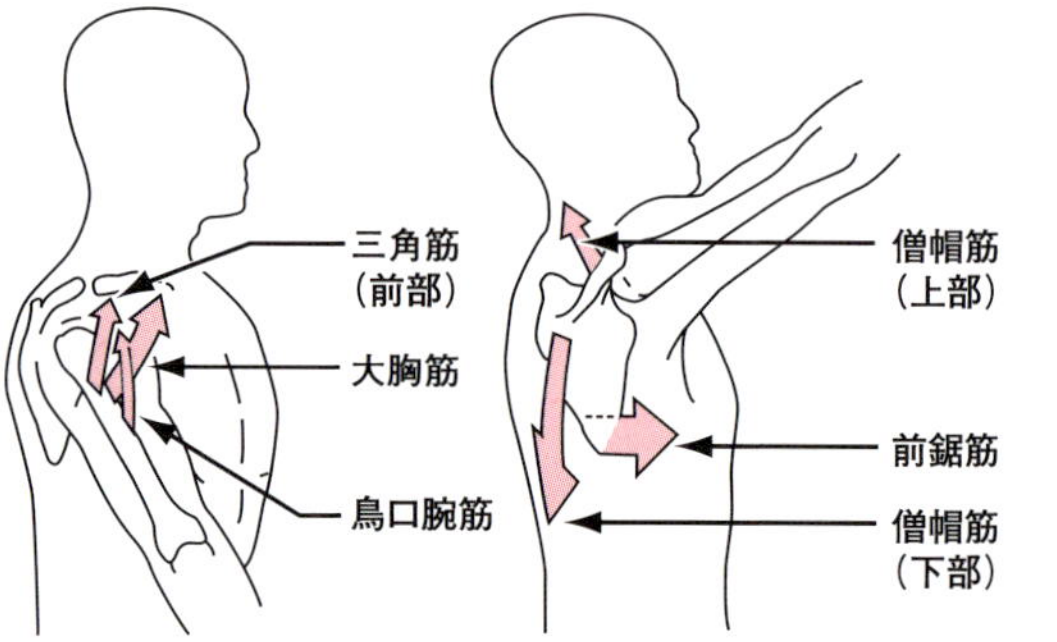

肩の外転

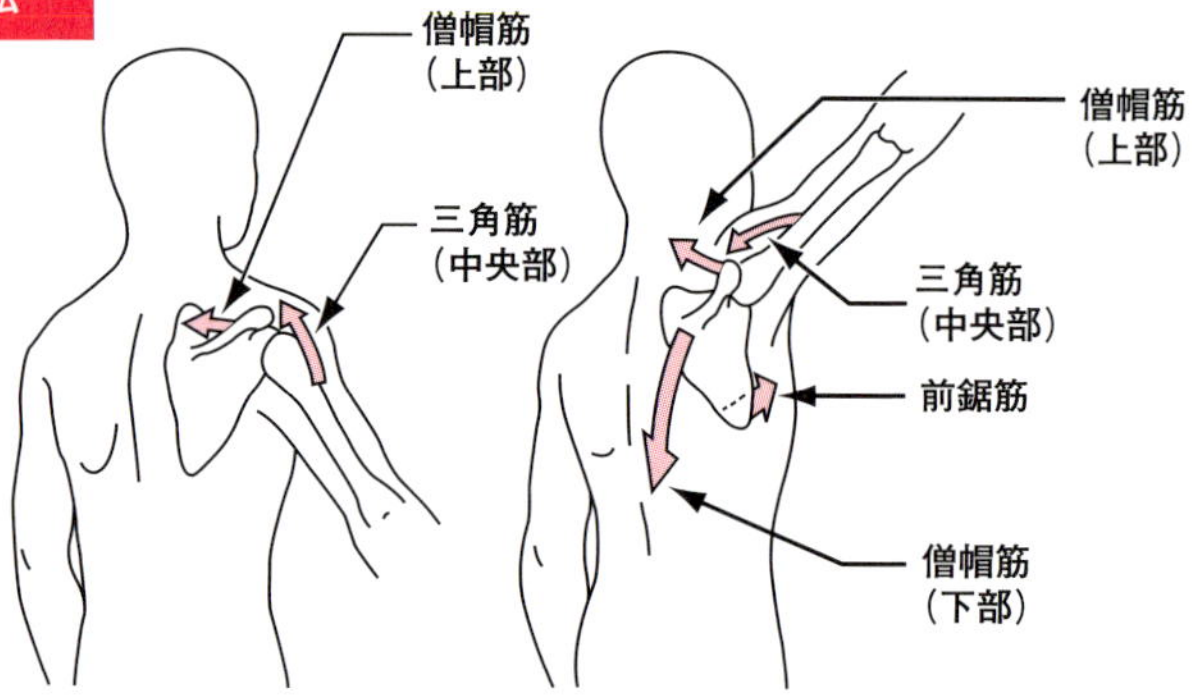

肩の後方挙上

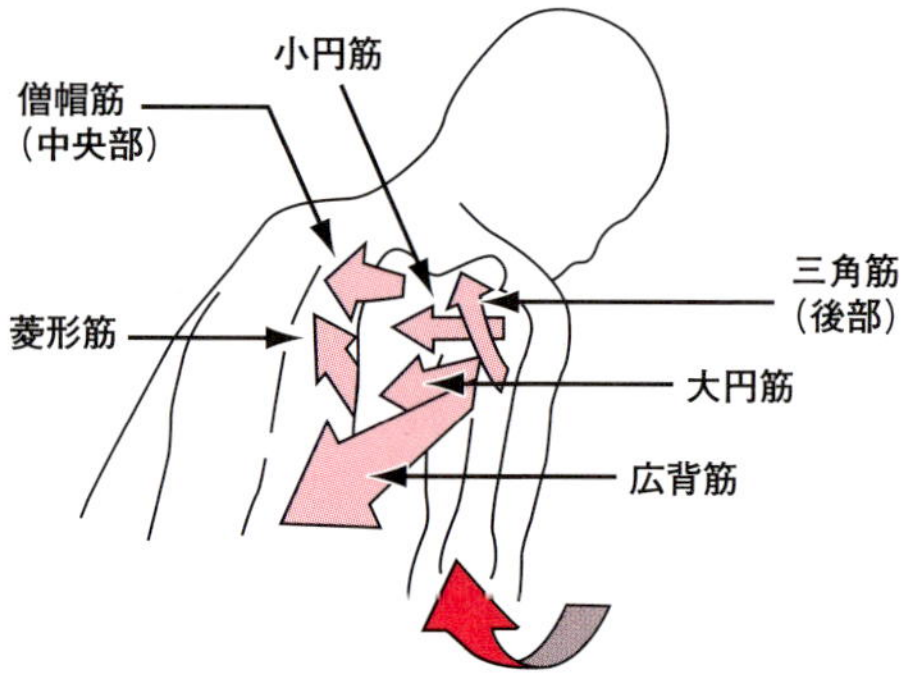

肩の動きをサポートするインナーマッスル

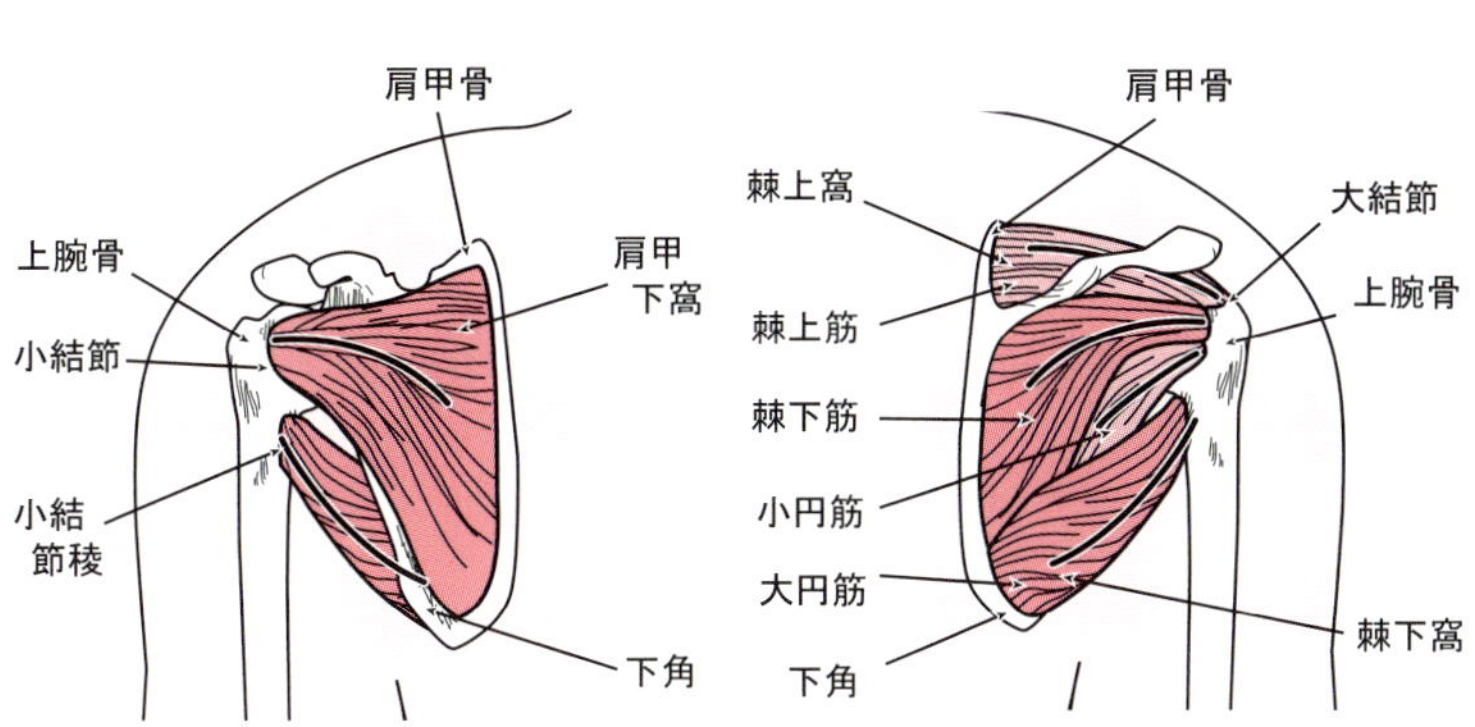

「肩甲骨リズム」とは？

本文でも述べたように、肩周辺の筋肉はつねに連動して動いています。整形外科などでは「肩甲骨リズム」と呼ばれることもありますが、この筋肉たちの協調性（リズム）がとても大事だそうです。

さらに、アウターマッスルとインナーマッスルの関係も大切です。これらの協調性が崩れてしまうと、写真のように理にかなった動きができなくなってしまいます。

肩を痛めたりすると、このリズムが崩れてしまうことがあります。そうなると、動きが不自然になったり、いつもと違う動きを繰り返すことによって、さらなる障害につながってしまう危険性もあるので注意が必要です。肩甲骨リズムを崩さないようにするために、トレーニング中も十分に意識する必要があります。

基本的＆効果的なトレーニング法

肩関節は動きの自由度が高い分、トレーニングのメニューも多様。まず三角筋をメインとしてその周囲の筋肉を鍛えようと思ったら、レイズ系の種目が中心になります。

ダンベルを持って腕を真横に上げるサイドレイズ。これは三角筋の中央部と僧帽筋を主に使います。三角筋の前部を鍛えるためにはフロントレイズを行ないましょう。これも僧帽筋にも作用します。そして、ダンベルを後ろに上げると三角筋の後部、僧帽筋や広背筋上部が鍛えられます。直立してダンベルを後ろに上げるのは難しいので、水平方向に外転させるようなメニュー（ベントオーバー・リアレイズなど）がいいでしょう。前・横・後の3点セットで、三角筋や僧帽筋上部、広背筋上部はかなりトレーニングされます。

負荷は10RMを中心とした、ごく典型的なものでいいでしょう。普通の人なら、それを各3セットもやれば十分です。

ただ、もっと肩を総合的に鍛えたい人、あるいはプッシュ系の動作を強くしたいという目的がある人は、複合関節動作――プレス動作を取り入れる必要があります。むしろ動作に直結させるためには、複合関節種目を優先的に行なったほうがいい。というのも、レイズ系の単関節動作は、スポーツの動きにはあまり見ら

胸
腹
肩
背中
脚
脚・尻
上腕
前腕・下腿

れません。水泳のストロークなどは単関節動作に近いかもしれませんが、スポーツ全般としては、どちらかと言うとプッシュ動作のほうが多用されるでしょう。トレーニングも、実際の動作に近い動きで行なったほうがいいのです。

プレスは、バーベルでもダンベルでもＯＫ。これは肩の外転と肘の伸展が組み合わさったメニューになり、三角筋と僧帽筋を鍛えられます。バーベルを顔の前に下ろすフロントプレスと、首の後ろに下ろすバックプレスがありますが、初心者は必ず首の後ろに下ろすようにしましょう。慣れていない人がフロントでプレスをすると、負荷を上げる時に腰を弓なりに反ってしまい、腰椎を痛めてしまうケースが多いからです。この種目のポイントは、なるべく体軸に対して負荷をまっすぐ上げること。中・上級者の人も、特別フロントプレスを選ぶ必要性がなければ、後ろから上げたほうがいいでしょう。

バックプレスもお尻が少し後ろに出るので、腰椎が反ってしまうことがある。フロントプレスほどではないにしろ、腰を痛める可能性はあります。また、フロントプレスは肘が前方に出るので三角筋の前部を使いやすいなど、フォームによって多少の効果の違いが出てきます。ある程度トレーニングをして体が慣れてきたら、最終的にはどちらが自分にとってやりやすいか、余計な負担をかけずにプレスできるか、という基準で選ぶのがいいかもしれません。

インナーマッスルについては、少し難しくなります。まずプレスやサイドレイズの時に変な軌道で動かしてしまうと、アウターとインナーの協調関係が崩れ、肩甲骨リズムが狂ってしまうおそれがあります。ただ重い負荷を持ち上げればいいというのではなく、フォームに十分注意することが大切です。レイズ系の種目では、肩関節をなるべく上下に動かさないように意識しましょう。感覚としては、手の先を上に上げながら、肩関節はむしろ下方向に引き下げるようなイメージをするといいと思います。ちょっとやってみると、何となく筋肉の使い方が変わるのを感じることができると思います。ずっと続けていると、奥のほうが疲れてくる。これは奥の筋肉で肩関節を引っ張っている、つまりインナーが働いているという証拠です。フロントレイズ、リアレイズの時も奥のほうを意識してみると、また違ったインナーを使っている感覚があると思います。ちなみに、これは肩関節のリハビリにも効果的です。最終的には、インナーを意識しないで各メニューをこなせるようになるのが理想。そうすれば、インナー用の特別なメニューを組まなくても、アウターと同時に自然にインナーが鍛えられます。

このように、インナーにまで作用させるのはマシンでは難しいので、フリーウエイトを使うことをおすすめします。棒を握って上げればいいというマシントレーニングばかり続けていると、インナーを使わずアウターだけで動作するようになってしまいがちです。その結果、マシンでトレーニングをするとケガが多い、という現象が起こる。それでインナー、インナーとさかんに叫ばれるようになったのだと思います。たしかに何も考えずにマシントレーニングを続けていれば、別個にインナーマッスル専門のトレーニングや筋肉のバランスを整えるピラティスなどを行なう必要も出てくるかもしれません。しかし、フリーウエイトでしっかり意識してトレーニングしていれば、おおげさにインナー、インナーとさわぐ必要はありません。どうしても身近にマシンしかない場合には、せめて肩関節が一定の位置に止まったまま動かないように、体の動かし方を意識するようにしましょう。

フロントレイズ

三角筋の前部、僧帽筋に作用する種目。①両手にダンベルを持ち、腿の前に添える。②体に対して90度くらいまで、ダンベルを上げる。上げきったら、元の姿勢に戻る。ダンベルを上げすぎると、三角筋から僧帽筋に負荷が逃げてしまうので注意

▼ サイドレイズ

三角筋の中央部、僧帽筋を鍛える種目。①両手にダンベルを持ち、体側に添える。肩幅くらいに足幅を保つ。②地面と水平か、それよりやや浅いくらいまでダンベルを上げる。上げきったら、元の姿勢に戻る

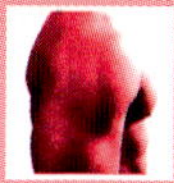

▼ ベントオーバー・リアレイズ

三角筋の後部、僧帽筋、広背筋の上部に効く種目。①両手にダンベルを持ち、上体が地面と水平になるくらいまで前傾する。腰への負担を軽減させるため、ベンチなどに頭を乗せるといいい。②地面と水平か、それよりやや浅いくらいまでダンベルを上げる。肘を伸ばすと負荷が大きくなるが、ピンと伸ばしきると故障の原因になるので注意

▼ ショルダーシュラッグ

僧帽筋を鍛える種目。①両手にダンベルを持ち、体側に添える。②肩をすぼめるようにして上げる。腕は動かさないこと。上げきったら元の姿勢に戻る。肩こり防止にも効果的なメニュー

フロントプレス

三角筋の前部を、やや強めに鍛えられるメニュー。①背もたれに背中を預け、体を安定させる。バーベルを肩幅の1.6倍を目安にして握り、頭上に掲げる。②胸めがけてバーベルを下ろす。胸につくくらいまで下ろしたら、肘を伸ばしてバーベルを上げる。立って行なう方法もあるが、腰への負担を軽減させたり、僧帽筋を安定させるには座ったほうがいい

①

②

▼ バックプレス

フロントプレスと比べて三角筋の中央部寄りを、やや強めに鍛えられるメニュー。①背もたれに背中を預け、体を安定させる。バーベルを肩幅の1.6倍を目安にして握り、頭上に掲げる。②耳の後ろくらいまでバーベルを下ろし、肘を伸ばして上げる

①

②

プラスαの筋肉知識

1 なぜ「肩のインナー」は大切なのか？

肩のインナーマッスル（ローテーターカフ）が注目されたのは、90年代初頭、野球の投手が肩を補強するために鍛えはじめたのがきっかけでした。

投動作は、肩を内旋（内側にひねる）させる動き。一流の投手のフォームを見てみると、投げ終わった後に手のひらが外側に向くほど腕をひねっています。また、テニスなどでも同じように内側に鋭くひねることが多い。内旋を使うと、とてもパワフルな動きが可能になるのです。

人間の筋肉は、内旋の力がひじょうに強くできています。なぜなら、内旋動作は上腕骨の前方についている大胸筋の強い力で行なわれるから。じつは広背筋も上腕骨の前面についていて、内旋動作に関連しています。いろいろな筋肉が共同して生まれた強い力を競技に利用するのはいいのですが、それにブレーキをかけ

る外旋筋の力は内旋筋よりも弱いので、内旋を強く行なう選手は外旋筋に負荷がかかりすぎて筋肉を痛めてしまうことがあります。

外旋筋を痛めると、いろいろな動作の際に肩関節の中心の位置を保てなくなってきます。投げる時も、だんだん本来のポジションからズレていってしまう。それがさらに障害を悪化させることになります。ですから、内旋を強く使うスポーツでは、専門的に外旋筋をトレーニングする必要があるわけです。

そこで注目されたのがローテーターカフでした。小円筋、棘上筋、棘下筋、肩甲下筋などがそれに当たります。これらは外から見えない筋肉なので、なかなか意識できません。ちょっと特殊なトレーニングをして、ピンポイントで鍛える必要があります。それが肘を脇につけた状態でチューブを引っ張って、外旋をするといったメニューです（アウターカフローテーション）。野球の投手やテニスプレーヤーなどは、ケガ防止のためにもこうしたメニューを取り入れたほうがいいでしょう。

インナーが大事だからと言っても、一般の人がチューブを引っ張るようなトレーニングをする必要は本質的にはありません。ただし、普段のトレーニングのしかたが悪くて肩を痛めてしまった場合は、肩の回転中心がズレてきている可能性もありますから、関節の動きを元に戻してあげるためのリハビリとしてチューブトレーニングを行なうのもいいでしょう。そして、今後もトレーニングを続けるのであれば、フォームそのものを変えていくように意識することも大切です。

2

肩まわりを鍛えると肩コリ防止になる？

肩コリは、僧帽筋の上部に起こるのが普通。ということは、僧帽筋の中の循環が停滞して、代謝物がたまることによって痛みが起こっていると考えられます。

僧帽筋を普段からよく動かしていれば、筋肉の中の血行がいい状態に保たれますので、肩コリは起こりにくくなるでしょう。筋肉はきわめて適応の早い組織で、日常的によく使われていると、すぐに毛細血管がつくられて循環がよくなります。逆になまけて休んでいると、すぐに循環が悪くなってしまいます。

ボディビルダーはサイドレイズやシュラッグなどの種目でつねに僧帽筋を刺激していますから、肩コリがあるという話はほとんど聞きません。少なくとも私は、筋トレをはじめてから35年間、一度も肩コリが起こったことはありません。

必ずしも重い負荷を持ってシュラッグなどをやる必要はありません。何も持たずに僧帽筋を使って肩甲骨全体を動かすようにしているだけでも、肩コリを予防する効果はあると思います。

3 重量挙げの「プレス」がなくなった理由

重量挙げ競技には、バーベルを一気に頭上に持ち上げる「スナッチ」と、一度肩のところまで持ち上げてから第二動作で頭上に差し上げる「ジャーク」(クリーン&ジャーク)の2種類があります。これに加えて、昔は腕の力のみで頭上に差し上げる「プレス」(クリーン&プレス)という種目もありました。

いずれもより重いものを持ち上げることが目的ですが、プレスで高重量を上げようとすると、どうしても背中を後ろに反ってしまいます。上体がまっすぐになっている体勢より、少し寝たほうが挙上能力が高くなるからです。やがてプレス競技では、いかに上半身を上手に反るかということがテクニックとして発展していきました。なるべく腰を痛めず、かつ高重量を上げるような背中の反り方が重要になっていったのです。

そうなると、どこまでなら反っていいのか? という議論になってきます。腰から反るやり方もあるし、膝を少しゆるめて全身を弓なりにする方法もある。実際、いろいろな〝反り方〟が出てきました。しかし、どこまではOKで、どこからはNGなのかを、ルールとして明文化するのは難しい。こうした経緯があって、プレス競技は廃止となってしまいました。

オリンピックで最後に行なわれたのは、1972年のミュンヘン大会。それ以降は、スナッチとジャーク

胸
腹
肩
背中
脚
脚・尻
上腕
前腕・下腿

の2種類となりました。

4 男のシンボル、僧帽筋

ボディビルダーをはじめ、筋肉を鍛えている男性のひとつの特徴として、僧帽筋の発達が目立ちます。同じように筋力トレーニングをしている女性と比較しても、はっきりとした差があります。

僧帽筋は、どうやら人間のセックスシンボルであるようです。男性ホルモンの信号を受けとる受容体の量が下半身の筋肉などに比べて圧倒的に多いため、男性はきわめて発達しやすく、女性は発達しにくいのです。肩や上腕筋も同様なのですが、とくに僧帽筋はその傾向が強いようです。成人後にアナボリック・ステロイドを注射している人も、僧帽筋や肩などが異常に発達しやすくなります。

どんな動物にも、オスとメスを外観上区別するための特徴があります。それが人間の場合は肩から腕にかけての部分ということになるようです。

TRAINING METHOD

PART.4

背中

＜脊柱起立筋・広背筋＞

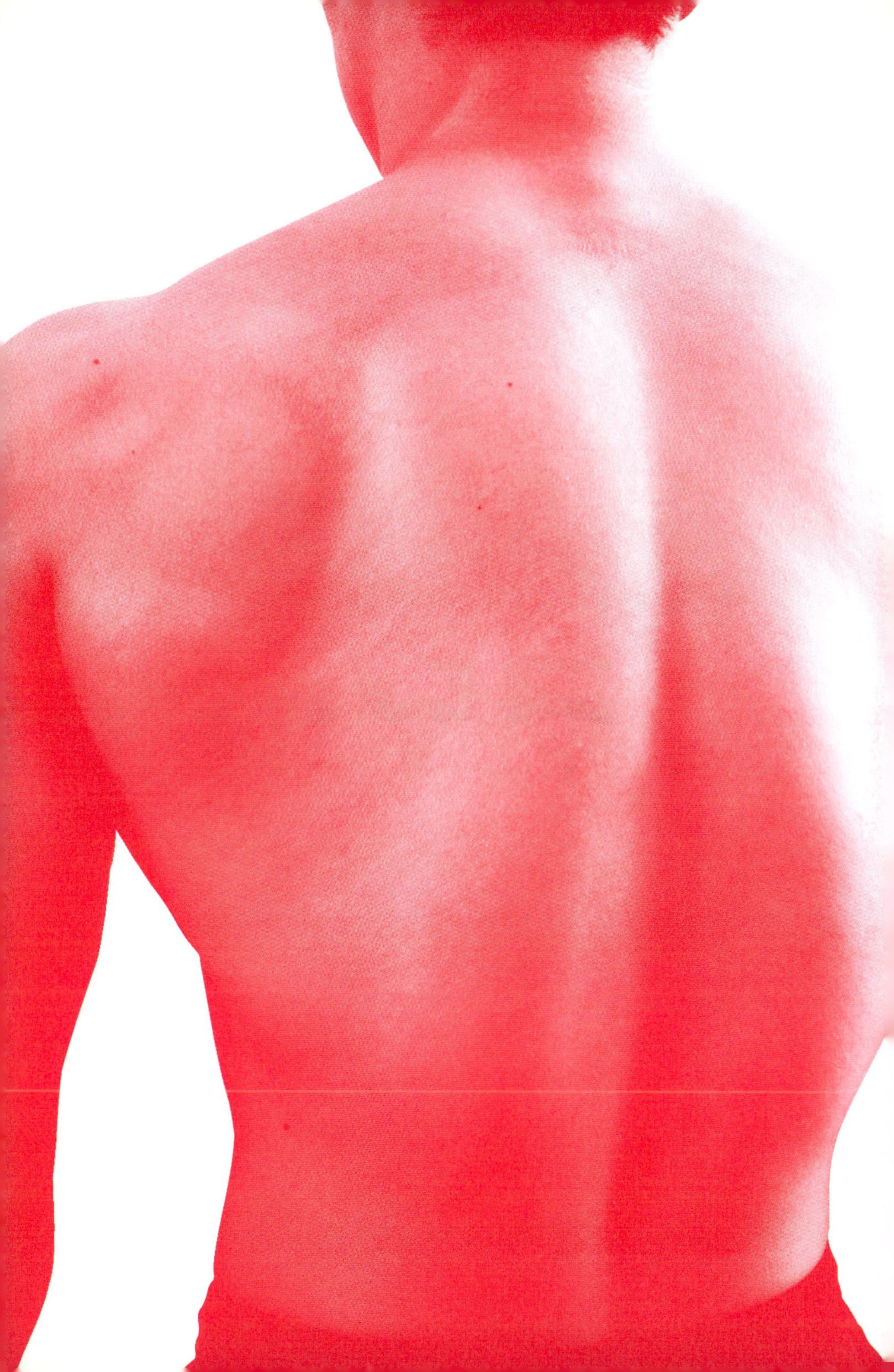

体の芯とも言える巨大な背面の筋肉

背中には巨大な筋肉が集まっています。まず脊柱起立筋は、背中の真ん中を縦に走っている筋肉。広背筋の内側にあるので、あまり意識しない人も多いようですが、ひじょうに大きく、体の芯とも言える部分です。ここがしっかりしないと、そのまわりにある筋肉を十分に鍛えることもできません。

メインの働きは、脊柱の姿勢をしっかり保つこと。また、背中を後ろに反ったり、若干ですが前屈したり、ひねったり、横に曲げるという動きをつくる働きもあると考えられます。最も拮抗する筋肉が腹筋であることは間違いありませんが、脊柱起立筋の詳細なデータをとるのはきわめて難しく、まだまだ研究の過程にある筋肉でもあります。

広背筋は、広い筋肉である分、機能的に上部・下部と分けて考えることができます（筋肉そのものが分かれているわけではありません）。たとえばロウイング系の運動の中でも、肘を水平に上げた状態で肩を後方に引くと上のほうを、肘を締めて引くと中央から下のほうをよく使うことになります。これもデータとして解析されているわけではないので断定はできませんが、解剖学的、また経験的にも、おそらく間違いないでしょう。

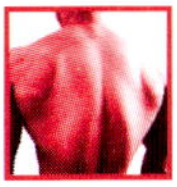

人間の前面と背面を比較すると、背面のほうが筋肉の全体量は多く、また、「立つ」という基本的な姿勢を維持するためにも重要な役割を担っています。正しい姿勢や動作を維持するためには、前面とのバランスが極端に崩れるのは避けたいところ。トレーニング初心者は大胸筋や腹筋ばかりを意識しがちですが、背中もしっかり鍛えましょう。

デッドリフト（86ページ参照）のように脊柱起立筋群の周辺を鍛えるトレーニングの場合でも、肩全体を後ろ側に引きつけて背中が曲がらないように広背筋（主に下部）をよく使います。広背筋は脊柱と上腕につながっていて、この筋肉がしっかり力を出すと肩を背骨のほうに寄せるような姿勢になり、脊柱と肩関節の距離が短くなる。背中を反って胸を張ろうとすると、必然的に広背筋も使うわけです。

逆に広背筋を主動筋として使ったロウイングをする場合も、脊柱がグニャグニャしていたのでは十分な力が出ないので、同時に脊柱起立筋を使うことになる。つまり、広背筋と脊柱起立筋はつながっているわけではありませんが、結果的に連動するようにできている。どちらか一方の筋肉を使うというのは、むしろ難しいと言えるでしょう。また、ロウイングをやる場合に背中が曲がっていると腰を痛めやすいので、その点でも広背筋と脊柱起立筋はうまく連動させたほうが安全です。

脊柱起立筋

図Aは外側列、Bは内側にある多裂筋

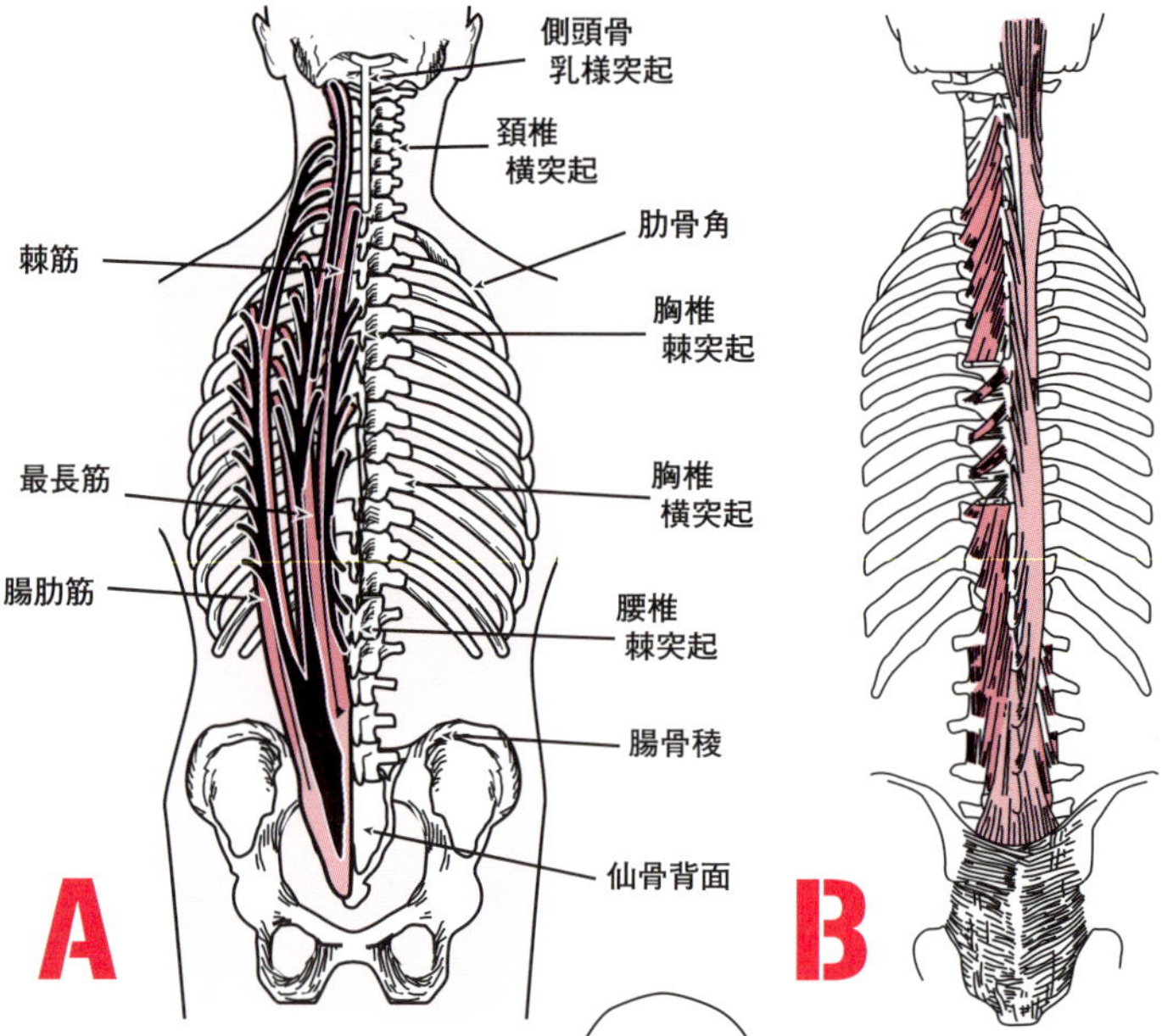

広背筋

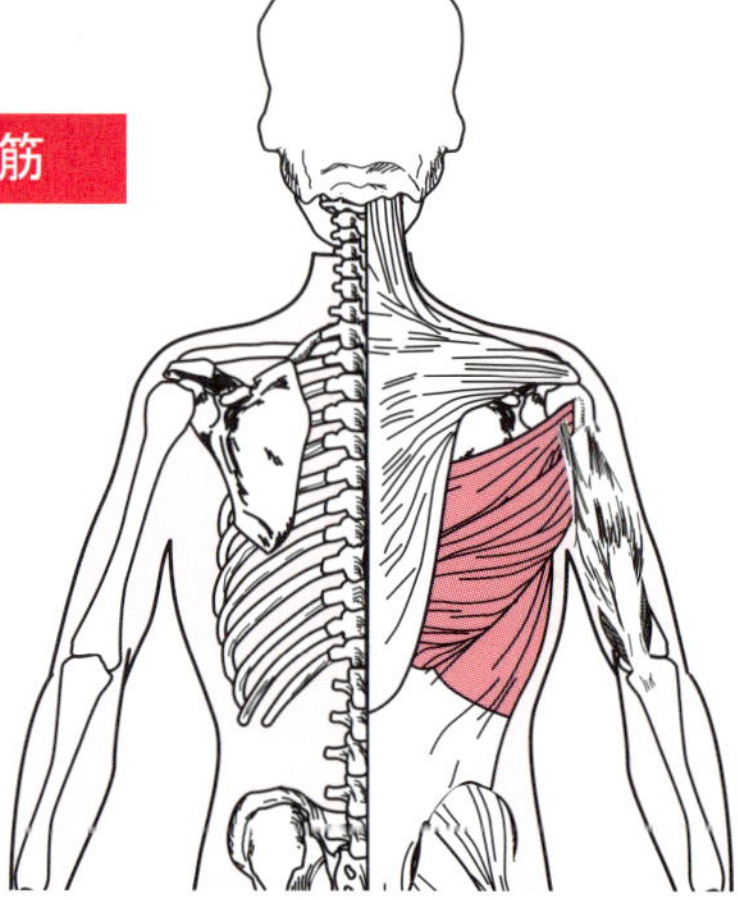

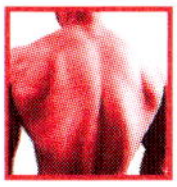

動作における役割

脊柱起立筋は、右ページの図を見るとわかるように二重構造になっています。一般的に脊柱起立筋と言うと、外側にある長い筋肉を指す場合が多いですね。これは主に仙骨や腸骨と肋骨を結ぶ腸肋筋と、頭や肋骨と腰椎を結ぶ最長筋に分けられます。これらの筋肉が力を出すと、骨盤と肋骨の間が縮まり、背中を伸展させたり、後ろにのけ反るような動きになります。

もう一つの重要な働きは、背骨の姿勢を維持し、安定させること。日常生活やスポーツのさまざまな場面で欠かせない働きです。どんな動作をする時でも、体幹はしっかりしていないといけない。また、大臀筋やハムストリングスが主役となるスイング動作などでも、それらが生み出した原動力を上半身に伝えるためには脊柱の部分でうまく伝導しなければいけない。脊柱起立筋がうまく機能しないと、ほとんどの動作が成り立たないと言ってもいいかもしれません。

どんなスポーツでも脊柱起立筋は大切ですが、とくに象徴的な競技を挙げるとすれば、ウエイトリフティングでしょう。バーベルを引き上げる動作は、脊柱起立筋が強くないと絶対にできません。持ち上げる力の根源はおしりや太ももが生み出しますが、その強い力に耐えられるだけの脊柱起立筋がなければ持ち上げることは不可能。持ち上げたとしてもフラフラしてしまったり、腰を痛める結果になってしまいます。実際、ウエイトリフターたちは、脊柱起立筋がひじょうに発達しています。

その脊柱起立筋群の深部には、多裂筋という背骨の間を細かく走っている筋肉があります。これは個々の脊椎骨の関係を維持したり、ポジションを調整するのが主な役割だと言われています。文字通り、いろいろなところを結んでいて、まだ解剖学的にもどうなっているかよくわからない。ただ、それが隣同士の脊椎骨を引っ張ったり伸ばしたりしながら、脊柱の屈曲や伸展、回旋などの小さな運動を引き起こしているのは間違いなさそうです。決して大きな動きを生み出すものではありませんが、背骨の位置を微妙に調整するという点で、じつは意外と重要な筋肉だと考えられるようになってきました。

具体的な運動で言うと、たとえば股関節を固定した状態で行なうバックエクステンションなどは、多裂筋が力を発揮していると思われます。腰椎にあるたくさんの関節をそれぞれ微妙に曲げることで、結果的に大きな弯曲をつくる。多裂筋ひとつひとつの動きはとても小さなものですが、それが一体となって背中を大きく弓なりに反らすという運動につながるのです。

とはいえ、ここに書いたことは解剖学的に見た予想であって、こういう運動の時は腸肋筋をよく使い、こういう運動では多裂筋を使うといったことは、厳密にはよくわかっていません。

広背筋は肩関節を後ろ側に引くことが最大の働き。プッシュ系の主役である大胸筋・上腕三頭筋とのバランスが崩れないように、しっかり鍛えておくことが大切です。また、肩関節を後方に挙上する際にも主動筋として働いています。そして、肩を引く場合も、後方に挙上する場合も、僧帽筋・三角筋の後部などが共同して働きます。第3章に書いた「肩関節の安定化」にも関係しているので、ケガの防止という観点からもひじょうに重要な筋肉です。

基本的&効果的なトレーニング法

脊柱起立筋を鍛えるには、なんと言ってもデッドリフトが基本。デッドリフトは、ベンチプレス、スクワットとともにフリーウエイト「ビッグ3」のひとつで、パワーリフティングの競技種目でもあります。主動筋が大臀筋やハムストリングスになるため、それなりに重い負荷を使うのが普通。脊柱起立筋の役割としては、重たい荷重に耐えながらエキセントリックな力を発揮するということになりますが、これだけでもどんどん強くなっていくはずです。デッドリフトをしっかりやっていれば、グッドモーニング・エクササイズ（125ページ参照）のようなメニューを組み入れなくても問題はないでしょう。

ベーシックなメニューとしては、8RMを中心として、3セットくらいやってみましょう。それで物足りなくなったら、少しずつ増やしてみてもいいと思います。

続いて、バックエクステンション。いわゆる背筋運動です。バックエクステンションには2種類のやり方があり、デッドリフトと同じように脊柱を伸ばしたまま股関節の伸展で起き上がるスタンダードなスタイルは、むしろ大臀筋やハムストリングスが主動筋となります（だから、ヒップアップの効果もあります）。ケガを少なくするためにも、背中を曲げないこのやり方が基本です。負荷は20～30RMくらいがいいでしょう。

もうひとつは、股関節や骨盤を固定してしまって、上体を伸ばすというもの。これが最近リハビリの分野で注目されているやり方（93ページ参照）で、あえて背中を曲げた状態から徐々に伸ばしていく。この場合は、脊柱起立筋が主動筋になります。ただし負荷をかけすぎると腰を痛める危険性が高いので、より軽めで高回数というメニューを組みましょう。このスタイルのバックエクステンションは、とくにバーベルを持ったりする必要はありません。

脊柱起立筋は遅筋線維が多く、瞬発的な力を発揮するというより、長く力を出し続けて脊柱の姿勢を維持することが得意な筋肉ですから、脊柱起立筋をメインターゲットとする場合は負荷も軽めで十分。その分、高回数で行なうようにすると効果的です。

広背筋のトレーニングは、上から引き下げるプルダウン系の種目や前方から引くロウイング系の種目が基本。上部に効かせる場合はグリップを広めにとって、肘を開きぎみに。下部を鍛えたい場合は脇を締めたフォームで行なうといいでしょう。負荷は、デッドリフトと同じ8RMを中心にするといいと思います。

チンニング（懸垂）も効果的なトレーニング法です。広背筋は広く大きな筋肉なので、他の部位よりも多角的な攻め方が必要になります。プルダウン系、ロウイング系、チンニングといったように3種目くらいやらないと、十分に鍛えられません。背中全体を鍛えるなら、やや重めの負荷を使ったベントオーバーロウがいいでしょう。この種目は広背筋や脊柱起立筋だけでなく、僧帽筋にも作用します。ただ、腰を痛めやすい種目でもあるので、腰が弱い人は気をつける必要があります。

ダンベルを使ったワンハンドロウもおすすめです。ダンベルを使用したほうが可動域をはるかに広くとれるので、広背筋もよく伸び、より収縮した位置まで持っていける。慣れてきたらダンベルを使ったほうが、さらに効果的なトレーニングができます。見栄えのいい広背筋を獲得したいボディビルダーにとっては、ワンハンドロウは必須種目と言えるものです。

ただ、ワンハンドロウは片側ずつ行なうメニューなので、セット数が多くなると、かなりキツくなります。ですから、半分はバーベルを使ったベントオーバーロウ、半分はワンハンドロウというようにメニューの組み方を工夫するといいでしょう。通常はバーベル→ダンベルという流れでいいと思いますが、広背筋の下部をより強くしたい人は、あえてダンベルから入るという手もあります。

▼ デッドリフト（ヨーロッパスタイル）

①膝を軽く曲げ、前傾してバーベルをオルタネイトグリップ（片手がオーバー、もう片手がリバースのグリップ）で握る。目線は正面に向けること。②背中を反らす力、足を踏ん張る力を利用して、一気にバーベルを上げる。上げきったら、元の姿勢に戻る。ベルトなどで体幹を固定しないと、故障しやすい種目なので注意。ハムストリングス、臀部、脊柱起立筋など、体の裏面をトータルで鍛えることができる。パワーリフティングなどでは極端に反るところまで引ききることもあるが、反りすぎると腰などに負担がかかってしまう。背すじがピンとなるくらいまでのほうが望ましい。また、脚をそろえて膝を伸ばす方法もある。これをやると、ハムストリングスに強い負荷をかけられる

①

②

デッドリフトのフォーム①

デッドリフトは床に置いた負荷を直立姿勢の位置まで持ち上げるという単純動作ですが、正しいフォームで行なうのは容易ではなく、それなりの習熟を必要とします。ポイントは図Aのように背すじを伸ばし、股関節の伸展によって負荷を上げること（ヨーロッパスタイルの場合）。こうすれば最長筋や腸肋筋を使った上で、多裂筋も十分に働いて脊柱が安定している状態になります。下段は動作中の腰椎椎間板の様子ですが、Bのように背中が丸まってしまうと、50kgの負荷を使った場合でも椎間板の前面には局所的に700kg相当の力が加わるとされています。正しいフォームの場合でも腰椎には400kg近い力がかかりますが、悪いフォームの半分強で済みます。700kgというのは脊椎骨の力学的強度の限界に近いストレスのため、きわめて危険な状態と言えます。

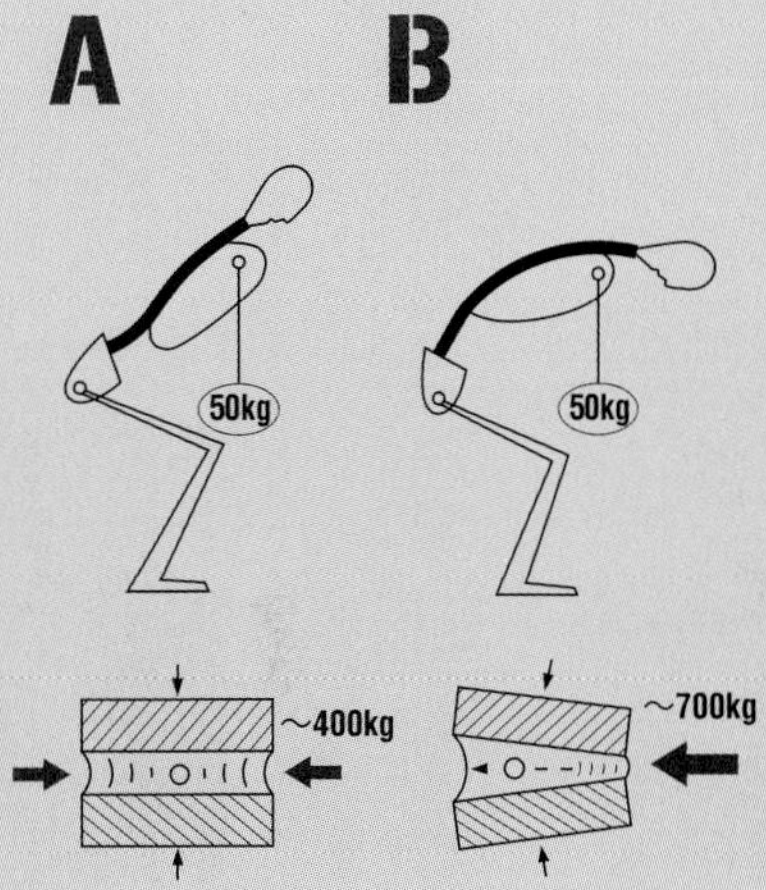

デッドリフトのフォーム②

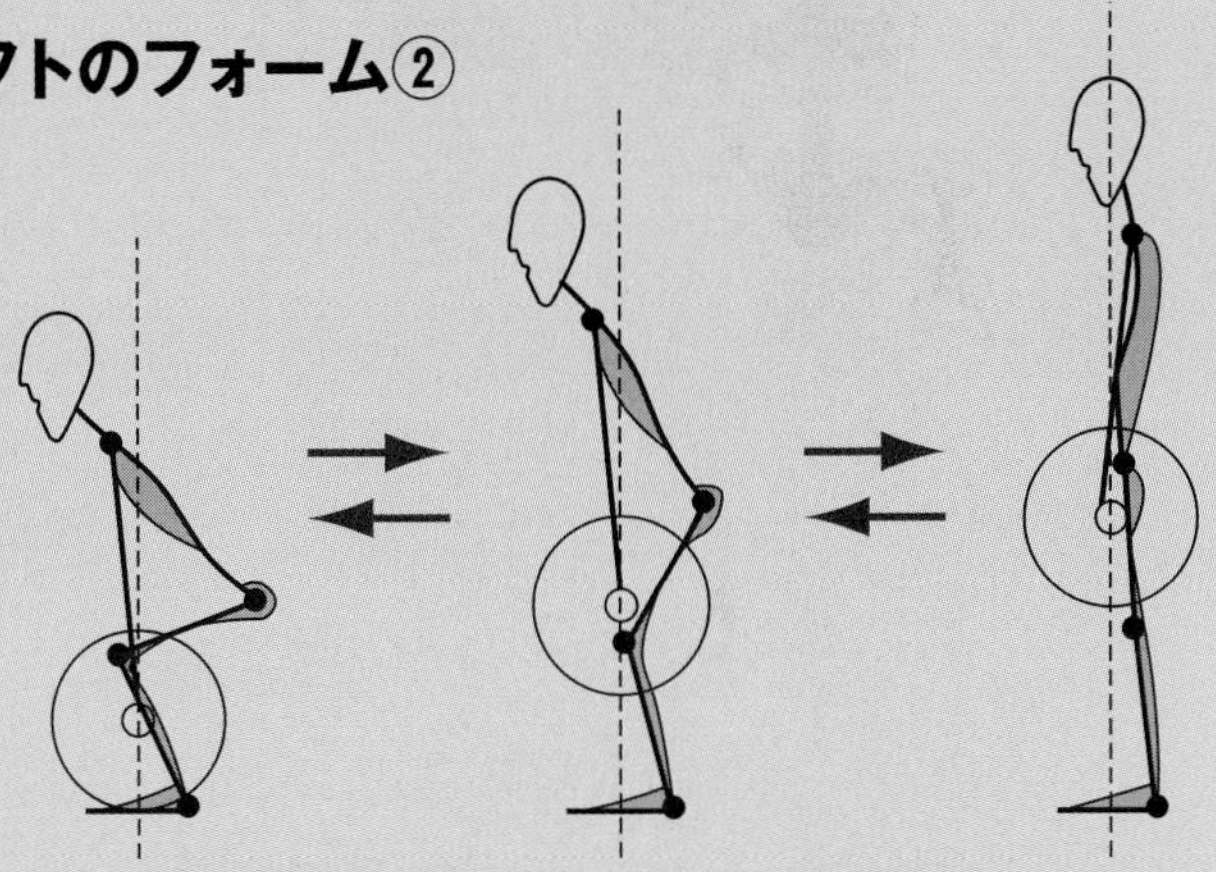

この図は理想的なデッドリフト（ヨーロッパスタイル）における負荷と各関節の動きを示したもの。ポイントは、バーベルの位置を前後させずにまっすぐに上げていくことです。また、体と負荷を合わせた質量の重心が一定（点線上）であることも大切。このようなフォームで行なえば、腰椎への負担が少なくなります。

ヨーロッパスタイルとジャパニーズスタイル

A

B

トレーニングとして行なうデッドリフトは、Aのようなヨーロッパスタイル（写真はオルタネイトグリップ）が基本であり、特殊な事情がないかぎり、このスタイルを奨励したいところです。が、より重い負荷を上げるため、また競技の現場などでは、Bのジャパニーズスタイルが使用されるケースも多いようです。これは足幅を広くとり、あえて胸椎を曲げるようにしてしまいます。バーベルを上げる時も、あまり背中を反りません。それによって、大腿四頭筋やハムストリングス、内転筋などを使って負荷を上げることができ、結果として脊柱起立筋をあまり使わずに済むというのが特徴です。

ジャパニーズスタイルと呼ばれている理由は、日本人が競技で勝つために編み出したものだから（相撲の仕切のように腰を割るので、スモウスタイルとも呼ばれます）。外国人に比べ、日本人はどうしても背筋が弱い傾向があります。その弱点を克服して重い負荷を上げるために背筋にかかる負荷を軽減し、その分、他の筋肉で補おうとした結果が、このジャパニーズスタイルなのです。現在は日本だけでなく世界的にも普及していますが、動作としてはスクワットに近くなり、脊柱起立筋の強化という本来の目的からは外れてしまいます。あくまで特殊なテクニックと考え、トレーニングとしては用いないほうがいいでしょう。

バックエクステンション

体の裏側の筋肉を集中的に鍛える。①ベンチに横たわり、体幹をやや曲げて上体を下ろす。両手を頭に固定すると、やや負荷が高まる。ベンチは平行なものでもいい。②体幹ごと伸ばすようにして、上体を持ち上げる。腰に負担がかかるので、背中を反らしすぎないこと。適度な高さまで上体を持ち上げたら、元の姿勢に戻る

①

②

▼ベントオーバーロウ（オーバーグリップ）

オーバーグリップ（順手）のベントオーバーロウ。上腕二頭筋に力が入りにくい。背中のやや上部を鍛えられる。①腰を45度くらいまで曲げ、胸を張り、顔は前を向く。膝は軽く曲げること。②肘を後ろに引く意識を持ち、バーベルを上げる。肘の角度が90度くらいになったら、元の姿勢に戻る。肘を曲げる力でバーベルを上げようとすると、腕のトレーニングになってしまうので注意

▼ベントオーバーロウ（リバースグリップ）

リバースグリップ（逆手）のベントオーバーロウ。オーバーグリップと比べ上腕二頭筋に力が入りやすくなる。①腰を45度くらいまで曲げ、胸を張り、顔は前を向く。膝は軽く曲げること。②肘を後ろに引く意識を持ち、バーベルを上げる。肘の角度が90度くらいになったら、元の姿勢に戻る。肘を曲げる力でバーベルを上げようとすると、腕のトレーニングになってしまうので注意

ワンハンド・ダンベルロウ

①片手にダンベルを持ち、ベンチに手や膝をついて体を安定させる。顔は正面を向く。低めの台を用いたほうが、腰への負担は少ない。②肘が背中の高さを超えるように、しっかり引く。引ききったら、元の姿勢に戻る

▼ フロアプーリーロウ

広背筋の下部を鍛えるメニュー。①前傾してケーブルをサムレスグリップ（親指を使わないグリップ）で握る。目線は正面に向ける。膝を伸ばせば距離が遠くなるので、負荷が高まる。②胸を張って、肘を背中の後ろまで引いていく。引ききったら、元の姿勢に戻る

▼ チン・ビハインドネック

広背筋上部を中心に鍛えるメニュー。①バーをオーバーグリップで握り、足をなるべく床から浮かせる。②背中を丸め、首の付け根にバーが当たるくらいまで、思いっきり体を引き上げる。上げきったら、元の姿勢に戻る

プラスαの筋肉知識

1 多裂筋と腰痛の関係

多裂筋が腰痛の予防やリハビリテーションの分野で注目されはじめています。以前は最長筋や腸肋筋とともに腰椎の安定や姿勢の維持のために働くという見方が強く、多裂筋そのものを鍛えようという考え方はあまりありませんでした。ところが最近は、もう少し積極的に腰椎の屈曲や伸展をトレーニング動作に取り入れることによって、多裂筋をしっかり鍛えましょうという流れが生まれてきているのです。

具体的には、腰椎を伸ばして行なうのが基本のバックエクステンションを、あえて背中を丸めながら下におろし、そこから背中全体を伸ばしていくようにする。そうすることで細かい脊椎骨の動きが活発になり、多裂筋も鍛えられると考えられています。ただ、あまり負荷が強くなると腰を痛める危険性も出てくるので、軽めの負荷・高回数で行ないます。

私の研究室の学生が、柔道のトップレベルの選手を集めて、脊柱起立筋群と腰痛の発症の関連について調べたことがあります。その結果、どうも脊柱起立筋群、中でも多裂筋が太いほど腰痛が起こりにくいということがわかってきました。ということは、多裂筋をしっかり鍛えることが腰痛の予防につながり、逆に腰痛を持っているがゆえに多裂筋が弱くなってしまっているケースもあると考えられる。ですから、腰に負担をかけないように注意しながら多裂筋を鍛えれば、腰痛のリハビリにもなるという予想が成り立ちます。

ただ、バックエクステンションの時に最長筋や腸肋筋と多裂筋のどちらをどのくらい使うかといったことは、まだよくわかっていません。現在、高性能のMRIを使って、さらに深く研究している最中です。

2

脊柱起立筋には、筋肉痛が起こらない？

背筋は60％以上が遅筋線維とも言われています。実際、人間は重力に耐えながら直立しているので、脊柱起立筋には筋肉痛が起こりにくいと言われていて、私も筋肉そのものを痛めることはあっても筋肉痛は記憶にありません。脊柱起立筋には本当に筋肉痛は起こらないのか？　最近、そんな研究が行なわれました。結果、筋肉痛が起きないとは言えないまでも、起きにくいというデータが発表されました。他の筋肉なら50％くらいまで能力が低下してしまう運動であっても、脊柱起立筋は80％程度にとどまるようです。

この研究データに関しては、「筋肉への刺激は適切だったか」といった議論もあるのですが、長期的な筋疲労が起こりにくいという特性があるのは事実でしょう。しかし、疲れにくいということは、オーバーワークになりやすいとも言えます。強いストレスがかかるトレーニングを継続的に行なう場合には注意が必要です。

3 バックエクステンションは、どこまで反る?

バックエクステンションで背中を反る角度に関しては、人それぞれ、いろいろなやり方があるようですが、基本的には自分で「無理だ」と感じないところまで、がいいでしょう。首をのけ反らなければいけないようになったら、もう止めておいたほうがいい。首を大きく反ろうとすると、頸椎についている頭板状筋という筋肉が縮んだり、頸椎周辺の深部の筋肉がゆるんだりして、損傷を起こす率が高くなります。反ったとしても、必ず胸椎の延長線上になるように、ある程度のところで止めておくようにしましょう。

小中学生の体力測定などで行なわれる「上体反らし」というメニューがありますが、あれは日常生活とはかけ離れた動きであり、現在はあまり行なわれていないはずです。また、両手・両足を同時に上げてエビ反りのようになるバックエクステンションもあります。これはハイパー・バックエクステンションと呼んでもいいでしょう。脊柱起立筋にもかなり強く作用しますが、そこまで伸展してしまうと腰痛を起こす危険性も高くなります。競技の特性上、どうしても必要でなければ、むやみにのけ反るタイプのバックエクステンションはやらないほうがいい。それよりも、少し背中を曲げた状態から、まっすぐにするというくらいの可動域でトレーニングするほうが安全だと思います。「反れば反るほどいい」という考え方は捨てましょう。

TRAINING METHOD

PART.5

脚

＜大腿四頭筋＞

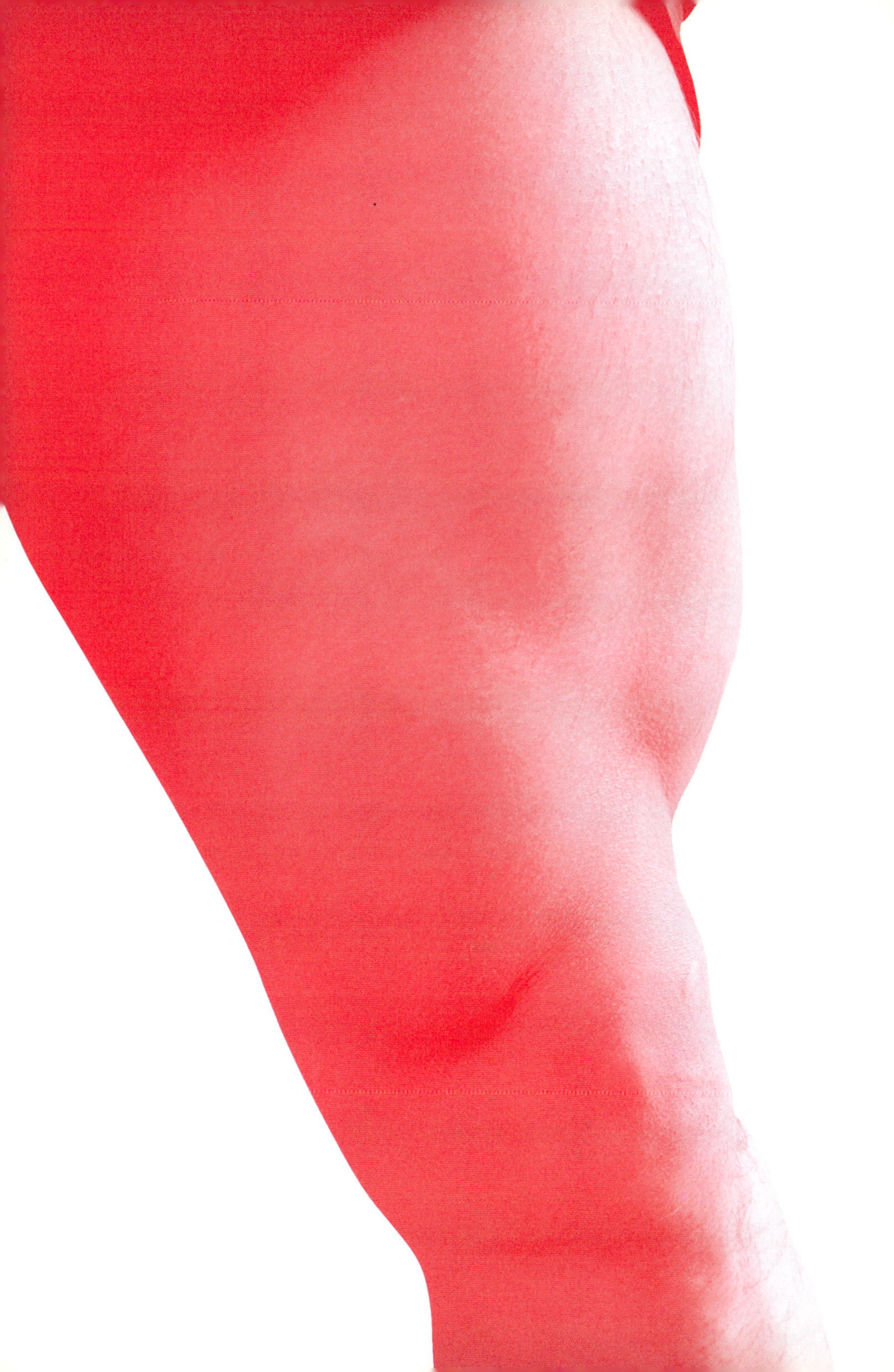

力発揮にすぐれた四つの筋肉の集合体

大腿四頭筋は、単体としては体の中で一番大きな筋肉。ただし単体とは言っても、解剖学的には「内側広筋」「外側広筋」「中間広筋」「大腿直筋」という四つの筋肉で成り立っています（中間広筋は、大腿直筋の内側にあります）。だから、大腿四頭筋と言うのですね。

脂肪の薄いボディビルダーなどは大腿四頭筋の筋線維の走方向が皮膚の上からもわかりますが、鳥の羽根のように筋線維が斜めに走っています。これは「羽状筋」と呼ばれるタイプの筋肉で、筋の長軸方向に走っている「平行筋」と比べると、同じ体積の中にたくさんの筋線維をパッキングできるという特徴があります。筋線維が短いかわりに数が多いので、体積あたり、断面積あたりの出力が大きくなる。一方、伸び縮みをするのはあまり得意ではありません。大腿四頭筋は、典型的な「力発揮型」の筋肉と言えるでしょう。

平行筋のように端から端まで筋線維が通っているタイプの筋肉は、力を発揮する時に全体が同じように収縮する。したがって、トレーニングをした時に全体が均一的に肥大すると考えられます。ところが、羽状筋の場合は全体が同じようにつながっているわけではないので、運動の性質によって「このあたりはよく力を出すが、このあたりはあまり出さない」ということが起こりうる。つまり、膝の上のあたりが太くなったり

（乗馬ズボン型）、根元のほうが太くなったりと、発達のしかたが違ってくるのも特徴です。

　四つの筋肉の中で、大腿直筋というのは少し異質です。膝のお皿（膝蓋骨）と骨盤をつないでいるため、膝を伸展させる機能と、股関節を屈曲させる二つの働きを持っている（二関節筋）。その他の「広筋」と呼ばれる三つの筋肉はすべて単関節筋で、大腿骨と膝蓋骨を結んでいます。

大腿四頭筋

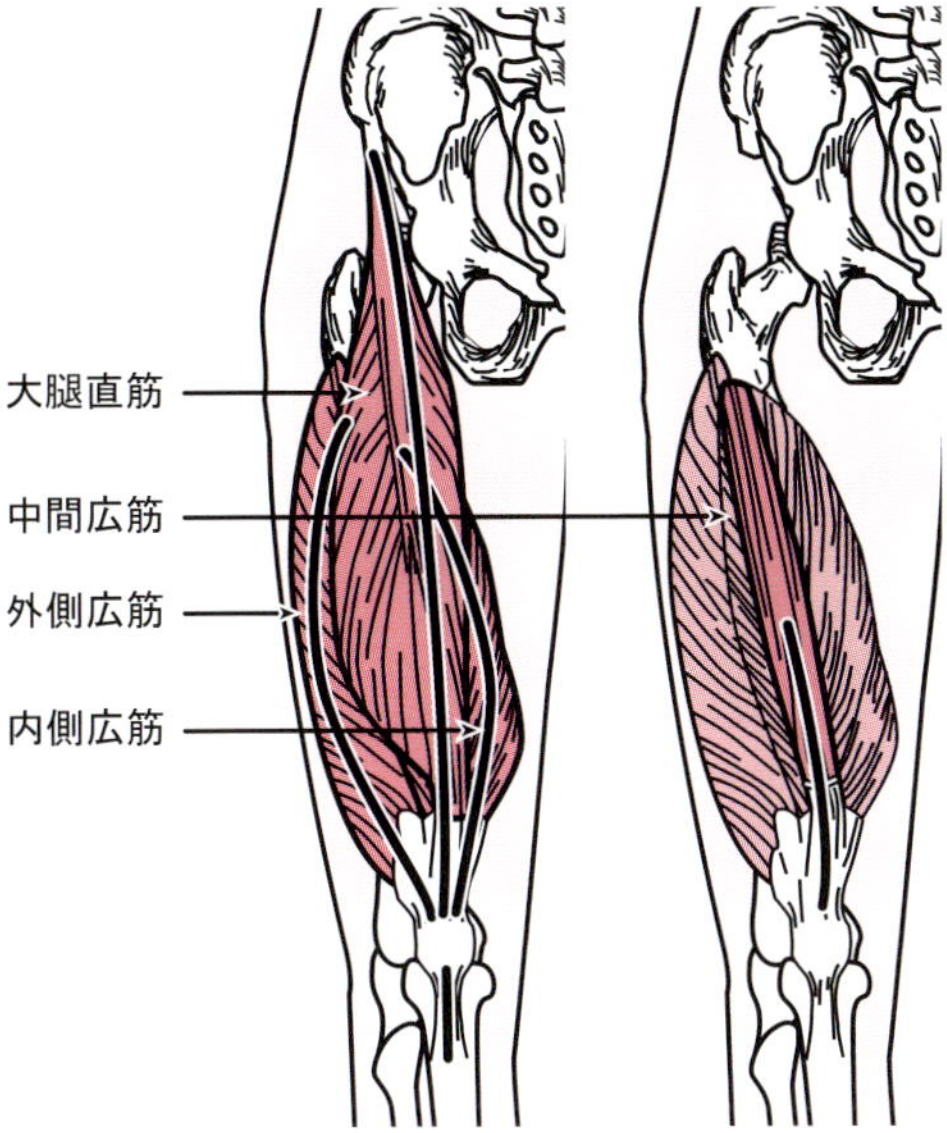

　大腿四頭筋が膝蓋骨を引っ張ると、その部分が滑車のような役割を果たし、膝蓋腱が下腿骨を引っ張り上げるという仕組みになっています。大腿四頭筋がつながっている膝蓋骨には、ものすごい力が加わる。たとえば、普通の人がレッグエクステンションを最大の力でやっている最中は、膝蓋腱に500kgほどの力が加わると考えられています。ただ、足首の位置は滑車の部分から遠くなるので、その力は十分の一くらいになってし

まうわけです。

膝蓋骨には大きな力が加わるので、ヘタをすると膝関節が外れてしまうということもありうる。そこで、そうならないように「前十字靭帯」というものが膝の中でがんばっています。当然、そこにも強いストレスがかかるので、スポーツ選手などは痛めやすい。靭帯だけに負担をかけるのは無理があるので、膝の伸展動作をする時は、太ももの裏側の筋肉であるハムストリングスも膝が外れないように反対側から引っ張っています。

↑サッカーやバレーボールなどは、膝の上のあたりが太くなりやすい。ラグビーやスピードスケートなどは、中央部から根元が発達する（111ページ参照）

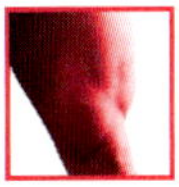

動作における役割

大腿四頭筋が主動筋として働く動作は、膝の伸展。そして、大腿直筋による股関節の屈曲です。サッカーの選手などは大腿四頭筋全体がものすごく強くなければいけないというイメージがありますが、ボールをキックする動作というのは膝の伸展よりも、むしろ股関節の屈曲が大切になります。そのため、主に大腿直筋や大腰筋などが発達しやすいと言えるでしょう。

日常生活でも、スポーツ動作でも、膝の関節だけを単独で伸ばす動きはあまりありません。想像してみてください。レッグエクステンションをする時のように、膝を曲げた状態からまっすぐに伸ばす。そういう動きは、人間の動作パターンの中で頻繁に使われることはありませんよね。膝そのものの動き方としては、大きく曲げ伸ばしするというより、強い力で地面を蹴る。それによって大きなパワーを生み出して、走ったり跳んだりする。そういうケースのほうが多いでしょう。つまり、大腿四頭筋は、重力に逆らって基本的な動作につながるパワーを生み出すことを求められる筋肉。98ページでも述べたように、構造的にもそれに適した筋肉になっています。

地面を蹴るというのは、膝の伸展と股関節の伸展が同時に行なわれる動作です。いわゆるスクワット動作ですね。じつは、この時は大腿四頭筋だけでなく、裏側のハムストリングスも共同で働いています。膝が外れないようにサポートする役割がひとつ。そしてもうひとつ、ハムストリングスは大腿直筋と同じ二関節筋で、膝を屈曲させる働きと、股関節を伸展させる働きがあるのです。太さはさほど変わらないのですが、断面積あたりの力では大腿四頭筋のほうが2倍ほど強い。したがって、大腿四頭筋とハムストリングスを目いっぱい働かせると、膝が伸展されながら股関節も伸展されるということが起こります。これがスクワット動作の仕組みなのです。

このことからもわかるように、大腿四頭筋が単体で使われる動作はあまりない。大腿四頭筋を使う時、多くの場合はハムストリングスも同時に使われるということになります。

基本的&効果的なトレーニング法

「キング・オブ・エクササイズ」と呼ばれているスクワット。大腿四頭筋の強化には、これが一番大事な種目です。なぜ大事かと言うと、ひとつは膝と股関節の伸展を協調的に使わないと立ち上がり動作ができないから。膝の伸展だけを使うシッシー・スクワット（106ページ参照）という種目あります。これをやると、股関節を使わないことがいかに膝への負担を大きくするかがわかります。

もうひとつは、肩にバーベルを担ぐことによって、体幹の筋肉をフル稼働させなければいけなくなるから。大腿四頭筋、ハムストリングスはもちろん、ふくらはぎ、股関節を伸ばすための大臀筋、体幹を安定させる脊柱起立筋や腹筋群（腹直筋・外腹斜筋・内腹斜筋・腹横筋）、腰椎の状態を保つための大腰筋……と、全身の筋肉を使う。だから、つらい。つらいから、嫌われる。でも、全身の筋肉を一時に全部使えることこそスクワットのすばらしい点であり、「キング・オブ・エクササイズ」と呼ばれるゆえんです。そういう意味では、スクワットに代わる種目はないと言ってもいいでしょう。

負荷は80％1RMといった標準的なものでOK。ただ、セット数は少し多めのほうがいい。大きな筋肉であるということと、さまざまな筋肉を使うということで、セット数が少ないと十分な効果が出にくいからです。ボリュームとしては上腕の筋肉などの2倍程度、6セットぐらいを目安にすればいいでしょう。スクワットだけで6セットはきついという人は、スクワットを4セットにして、レッグプレスやレッグエクステンションを2～3セット組み込んでもいいと思います。

スクワットには、さまざまなバリエーションがあり、中でも、しゃがみ込む深さが最大の問題となります（次ページのイラスト参照）。Aはウエイトリフターがよく行なうものですが、腰椎と膝への負担が大きくなるため一般のトレーニングでは多用しないほうがいい。BやC（パラレルスクワット）も効果は大きいのですが、正しいフォームで行なわないと障害の危険性が高くなるので注意が必要。基本的には、深くなるほど大腿四頭筋の中央から根元部分への作用が強くなり（内転筋などにも効きます）、浅くなるほど膝上の部分が発達しやすくなるので、競技のタイプに応じてD（ハーフスクワット）やE（クォータースクワット）と使い分けるといいでしょう。スタンスは肩幅がオーソドックス。深くしゃがむ場合は、体勢に応じてワイドにしていきます。

大腿四頭筋を徹底的に鍛え抜きたいという場合は、スクワットの他にレッグプレスを取り入れましょう。レッグプレスは体幹の筋肉を使わなくて済むため、脚を集中的に鍛えることができます。ボディビルダーにとっては、必須の種目です。マシンのタイプはいろいろありますが、股関節を十分に伸ばすためには、斜め45度に押し出すインクライン・レッグプレスが効果的です。

自重で行なうヒンズースクワットは、スロートレーニングのようにゆっくりやれば10回程度でも効果が現われてきますが、基本的には100~200回と数をこなして筋持久力を高めるものと考えるべきでしょう。

最下点の深さによるスクワットのバリエーション

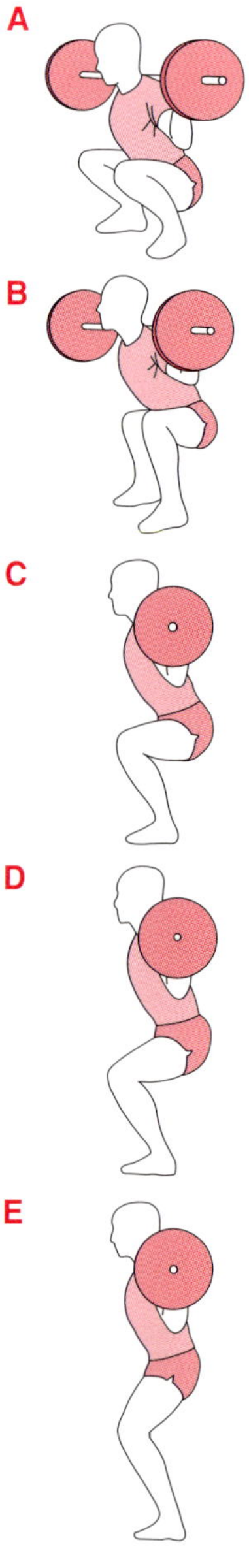

ミディアムスタンス・スクワット

足幅をあまり広くとらず、大腿四頭筋に刺激を与えるスクワット。①バーベルを担ぎ、首の付け根と肩甲骨の間（僧帽筋が一番厚いところ）にセットする。足幅を肩幅くらいにし、体を安定させる。視線は正面に向ける。②お尻を後方に引くような意識で沈みこむ。上体は前傾させる。猫背にならないように注意すること。沈みきったら、股関節を伸ばして立つ。スクワットは脚を動かす種目というイメージがあるが、正しくは股関節を曲げて沈み込むことが重要

▼ヒンズースクワット

足幅を肩幅にし、両手を頭に固定する。背すじを伸ばし、顔は正面を向く。②お尻を引いて膝を曲げて深く沈みこむ。沈みきったら、股関節を伸ばして立つ。バーベルを担いでいない分、深く沈みこむことを重視すること。また、回数を多くこなす必要がある種目でもある。負荷はやや落ちるが、手を振ると勢いがついてやりやすくなる

▼シッシースクワット

股関節を曲げず、膝の伸展だけを行なうスクワット。大腿四頭筋のすべてを効果的に鍛えられる。①足幅を肩幅にし、片手で柱などをつかんで体を支える。もう片方の手は腹部に置くなどして、安定させておく。②体幹を伸ばしたまま、膝を曲げる。沈みきったら、膝を伸ばして立つ。膝は地面につけない

スクワットの基本フォーム

重要なポイントは、膝のポジションです。つま先の真上に膝があるというのが基本。そして、肩から垂線を下ろしたところが土踏まずのあたりになり、立っている時も、しゃがんでいる時もそれが動かないようにする。すると、自然に上体と下腿部がつねに平行の状態を維持するというフォームになります。

膝に負担をかけないようにしたい場合は、膝の位置をもう少し下げ、お尻を後ろに出すようにします。そうすると、おのずと上体の前傾が深くなります。ただし、あまり後ろに出してしまうと、膝の伸展よりも股関節の伸展を使うようになってしまうので、つま先の真上より前方に出ないぐらいのポジションを目安と考えればいいと思います。

深くしゃがみ込むフルスクワットの場合は、バランスを保つために必然的に膝が前に出てきます。前に出れば出るほど、膝の伸筋を強く使い、股関節の伸筋はあまり使わなくなる。重量挙げの選手が膝を痛めやすいのは、フォームが原因である場合が多いのです。

足先の向きは、スタンスとともに変わってきます。肩幅ぐらいの時は平行か、少し外側を向く程度。ワイドになるほど、つま先も外側を向くようになっていきます。

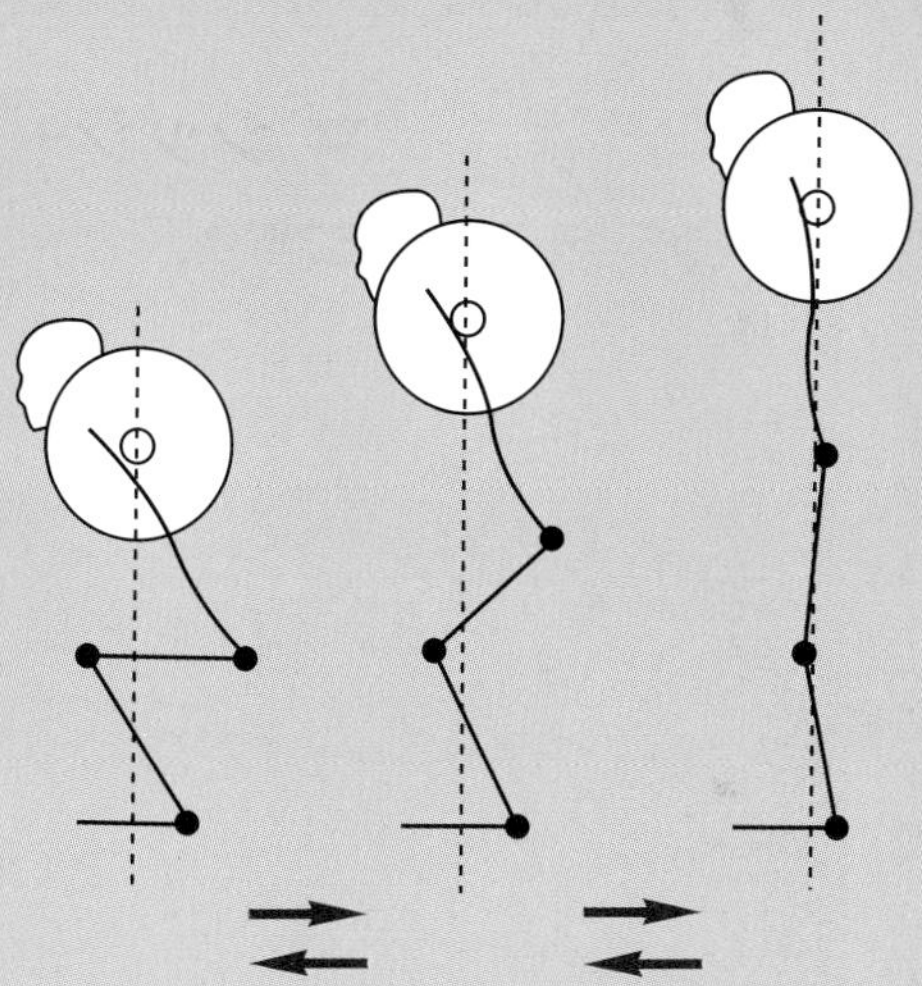

障害を起こしやすい例

スクワットは、全身の筋肉を使う種目ゆえに、フォームが乱れると障害を起こす危険性も高くなります。たとえば図Aのように、前傾が強すぎると、腰椎に負担がかかって腰を痛めやすくなります。まずお尻を浮かし、その後に膝を伸ばすという“二段モーション”になると、こういうフォームになりやすいので、膝と股関節を均一に曲げ伸ばしすることが大切です。また女性に多いのですが、図Bのように膝が外反してしまうと、関節を痛めやすい。膝は車軸関節と言って、基本的にはねじれたり曲がったりしない構造ですが、負荷を担いで無理をすると少し曲がってしまうこともあります。そういう動作を繰り返しているうちに、障害を引き起こす可能性もあるのです。膝は足の第二指（手で言う人差し指）の方向を向き、ねじれることなくまっすぐ上がっていくようにしましょう。

バーベルを担ぐ位置は？

重い負荷を上げる場合は、バーベルを担ぐ位置も重要になってきます。バーベルと股関節の距離が短ければ短いほど、上げるのは楽になる。なぜなら、股関節に近づくということは自分の重心に近づくことでもあり、その分、腰椎への負担が軽減され、膝の曲げ伸ばしだけで上げられるからです。極端なことを言えば、腰のところで担ぐのが一番楽ということです。

ですから、パワーリフターはひとつのテクニックとして、許される範囲でできるだけ低い位置で担ごうとします。図Bのように僧帽筋の下ぐらいまでバーベルを下げる。ほんの数cmではありますが、これだけで腰にかかる負担は何十kgも違ってきます。ただ、こういう担ぎ方をすると、今度は手首や肘に負担がかかり、立ち上がった瞬間にバーベルが落ちてしまうこともある。ということで、パワーリフティングでは規則があって、鎖骨の外側の付け根より下げてはいけないと決められています。 一般的なトレーニングでは、パワーリフターのようにする必要はありません。基本的には図Aのように、僧帽筋の筋肉が一番厚いところに乗せるとやりやすい。手で支えなくても体幹でバーベルを安定させられるフォームが適しています。

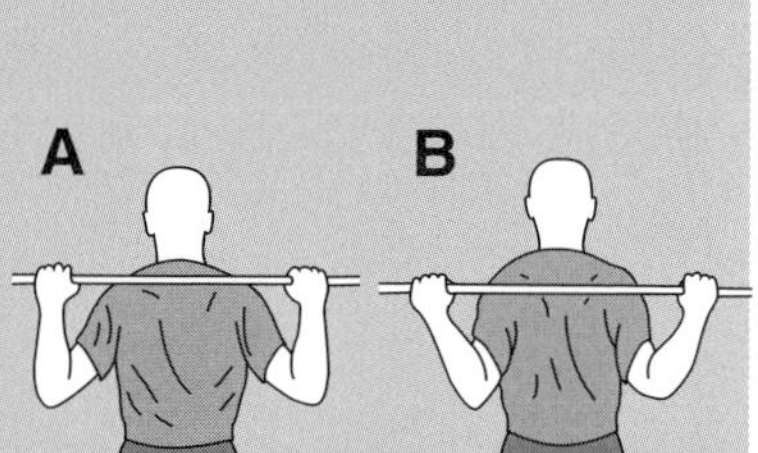

インクライン・レッグプレス

大腿四頭筋に強い負荷をかけられる種目。①背もたれに体を預け、バーを握り、膝を曲げてセットする。つま先は真上を向くこと。②膝を伸ばしていく。伸ばしきるやや手前で止めて、元の姿勢に戻る。スクワットと違い脚だけに特化したメニューなので、集中的に脚を鍛えられるメニューである

▼ レッグ・エクステンション

①マシンに座り、バーを握り、脚をセットする。マシンの回転軸の横に膝がくるようにすること。②膝を伸ばし、脚を伸ばしていく。伸ばしきったら、元の姿勢に戻る。つま先を内側に向けると大腿四頭筋の外側を、外側に向けると大腿四頭筋の内側を鍛えられる

プラスαの筋肉知識

1 競技のタイプによって脚の形が変わる

同じ大腿四頭筋でも、スポーツの種類によって発達のしかたが変わってきます。たとえば、サッカーやバレーボールの選手などは膝の上が太い。アメリカンフットボールやラグビー、陸上のスプリントやスピードスケートの選手は膝の上はそれほど太くないのですが、根元が太い。サッカーは、他の競技に比べて膝の伸展をよく使うというのが要因でしょう。バレーボールやバスケットボールなどはジャンプ動作を頻繁に行ないますが、意外と沈み込みが浅い。浅く沈んでピョンと跳び上がる時というのは、股関節の伸展より膝の伸展をよく使います。それで膝の上のあたりが太くなってくるのだと思われます。

一方、深い位置からグイグイと前に押していくようなスポーツでは、根元のほうが発達する傾向があります。典型的な例はラグビーのフォワードなど。彼らの太ももは一見それほど太くないように映りますが、計測するとものすごく太い。根元の部分が発達しているからです。深く沈み込む動作を繰り返していると、大腿四頭筋だけでなく、ハムストリングスや内転筋など、根元に集まっている筋肉も太くなってきます。

野球のピッチャーも、投げる時に重心を低くするので根元が太くなる傾向があります。また、スピードスケートもクラウチングを深いスタイルで行ない、しかもストロークが大きいので、中央部から根元にかけてひじょうに太くなります。膝の伸展と股関節の伸展を協調的に使うスポーツは、中央部から根元が発達しやすい。トレーニングをする際も、それぞれの競技の特性を考えてメニューを組むとより効果的です。

2 スプリンターは、レッグエクステンションがヘタ？

大腿四頭筋のためのトレーニングとして人気の高い種目にレッグエクステンションがありますが、これに関しておもしろい研究があります。スプリンターとマラソンランナーがレッグエクステンションを行なった時の筋力を調べると、大腿四頭筋が発達しているはずのスプリンターに高い値が出ないのです。これは、大腿四頭筋を使って膝を伸ばそうとすると、ハムストリングスも共収縮してしまうから。スプリンターは、いつも両方の筋肉を共同的に使うことで強いパワーを出しているので、自動的にそうなる仕組みになっている。だから、レッグエクステンションの時にもハムストリングスが邪魔をしてしまうことになり、レッグエクステンションがヘタという結果が出てしまうのです（日常的にレッグエクステンションをやっている選手は別です）。

3 大腿四頭筋研究の今後の課題

典型的な羽状筋で、体の中で一番大きな筋肉ということもあり、世界で最も研究されているのが大腿四頭筋だと思われます。筋電図をとる時も電極をたくさんつけられるし、バイオプシーで多少の筋肉をとっても影響を受けにくい。じつは、私も2カ所ほど自分の大腿四頭筋から筋肉を採取したことがあります。1週間ほど痛みがありましたが、とくに生活に支障はありませんでした。アメリカや北欧のアスリートには、バイオプシーでどんどん自分の筋肉を調べてもらう人がいるようで、ミュンヘン五輪のマラソンで金メダルを獲

一方、マラソンランナーは強い推進力という課題がないため、レッグエクステンションもうまい。ということは、膝と股関節を同時に伸展させて、強い推進力を生み出すタイプの競技選手は、レッグエクステンションをやってはいけないということにもなります。速く走ろうと思ったら、むしろレッグエクステンションがヘタなほうがいい。膝を伸ばす時にハムストリングスの力を抜くというクセをつけてしまうと、レッグエクステンションはうまくなっても、スプリントの動きはヘタになる可能性があるからです。

もちろん、レッグエクステンションを絶対にやってはいけないということではありません。ただ、これはあくまで補助的な種目であって、スクワットだけでは刺激が足りないという場合に取り入れるべき。実用的な筋肉を身につけようと思ったら、スクワットかレッグプレスが必須で、時間に限りがある人はレッグエクステンションを無理に取り入れる必要はまったくありません。

得したフランク・ショーターは、左右7カ所ほどのバイオプシーの跡があるそうです。

膨大な研究データが出ている大腿四頭筋ですが、構造的に調べやすいということで、ほとんどが外側広筋に関するもの。「大腿四頭筋の性質」として語られているものは、すべて「外側広筋の性質」と言ってもいい。このことが最近、問題視されるようになってきました。というのも、大腿四頭筋の中で一番断面積が大きいのは中間広筋で、全体の半分ほどを占めているのです。膝の伸筋としても、最も貢献度が高いのは中間広筋だと考えられます。本当は、中間広筋こそしっかり調べなければいけない。ところが、中間広筋に関するデータはまったくと言っていいほどありません。この筋肉は大腿直筋をはがした時にやっと見えてくるものなので、表面に電極をはりつけて筋電図をとることも難しいのです。

たとえば、筋線維組成。普通の人の大腿四頭筋なら速筋が50%、遅筋が50%ということになっていますが、これも外側広筋でのデータであって、中間広筋でも同じかどうかは今のところわかっていません。中間広筋をいかに調べるか。それが今後の研究の課題と言えるでしょう。

4 スクワットの記録の限界は？

パワーリフティングの世界では、トレーニング法そのものより、「パワースーツ」と呼ばれるコスチュームの進歩によって記録が伸びている傾向があります。それでも、80年代頃と比べて、スクワットの記録はそれほど伸びていません。80年代前半というのは驚異的な記録が連発されていた時代で、スクワット、ベンチプレス、デッドリフトの3種目で1tオーバーということも少なくありませんでした。ただ、その原動力となっていたのはステロイド。その後、ドラッグテスティングが導入されたのと同時に、3種目のトータルが100kg以上も落ちたのです。最近は記録も徐々に回復し、80年代のように3種目で1トンを超える記録が出たりしていますが、どちらかと言うとベンチプレスの伸びのほうが目立ちます。

スクワットが不振であるひとつの要因としては、フォームの基準が厳しくなったことも挙げられます。現在は、昔より一段深く腰を落とすようにしゃがみ込まないとOKが出なくなりました。そのあたりも考慮すると、スクワットの記録はそろそろ限界に近づいているのかもしれません。

5 かつて日本人の太ももは最強だった

信じられないかもしれませんが、80年代以前、ボディビルの世界では「日本人の太ももがベスト」と言われていました。国民性として辛抱強く、スクワットをコツコツとやるので、すばらしい大腿四頭筋をつくることができたのでしょう。このあたりの勤勉さは、他の国に誇るべき点ではないでしょうか。

ところがその後、斜め45度に押し上げるレッグプレスマシンが登場してきてからは、ボディビルダーの脚はどんどんグレードアップしていきました。アメリカの選手などはみるみる太くなり、日本人はまったくかなわなくなってしまったのです。これはウエイトトレーニングの歴史において、ひじょうに大きな影響を及ぼしたマシンだと言えます。ということで、太ももを太くすることが目的の人は、ぜひそのマシンを取り入れてみてください。

TRAINING METHOD

PART. 6

脚

＜ハムストリングス＞

尻

＜大臀筋＞

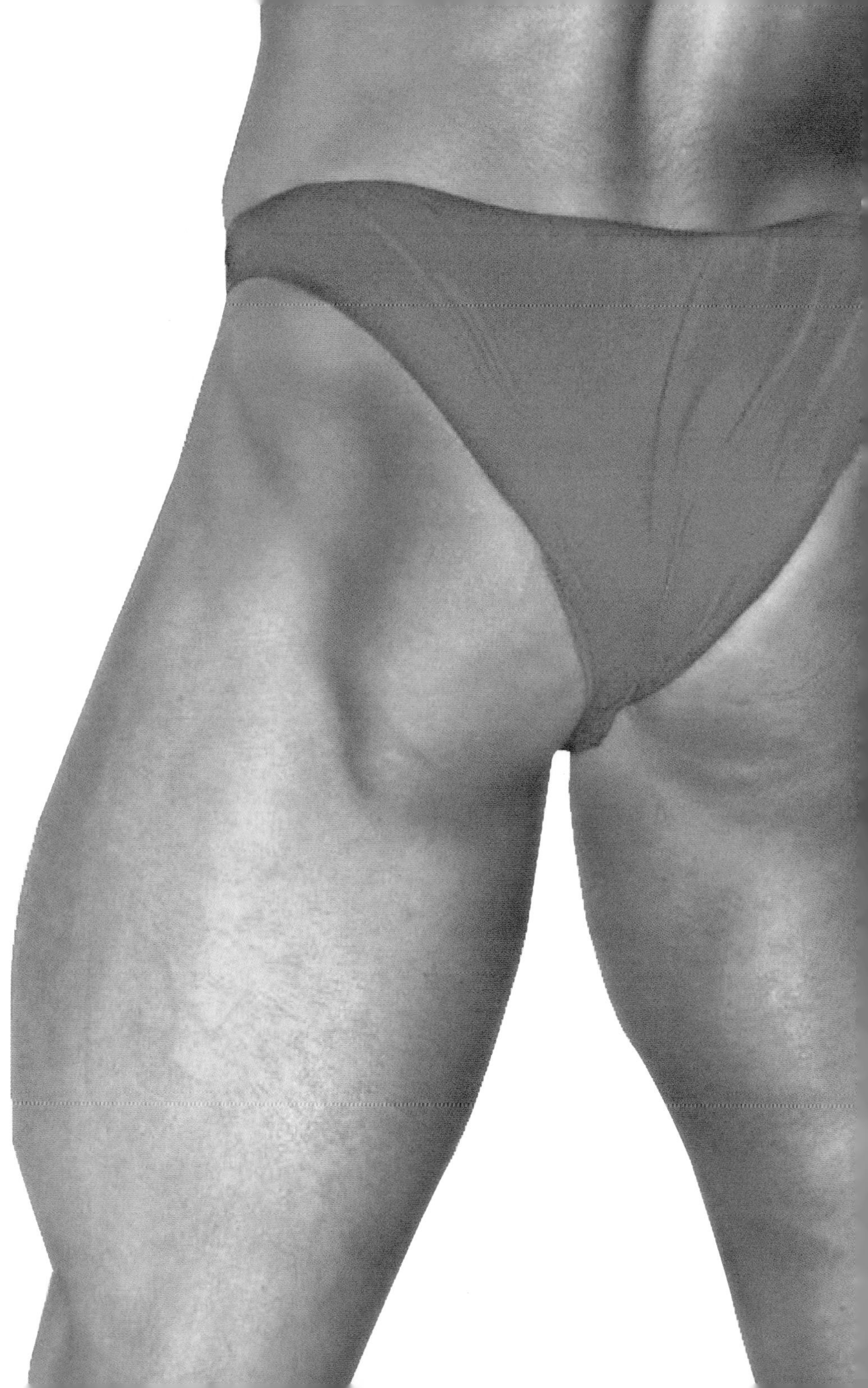

大腿四頭筋とのコンビネーション

ハムストリングスと大臀筋の主な機能は、股関節の伸展。大臀筋は脂肪が厚いせいもあって、その働きがあまりよく調べられていないのですが、基本的にこの二つの筋肉は共同して股関節を伸展させていると考えられています。

大臀筋は単関節筋なので、股関節の伸展だけという単純な働き。ハムストリングスは二関節筋で、股関節の伸展と膝の屈曲という働きがある。このことが運動の解釈をきわめて難しくしています。下半身の動作は、多くの場合がスクワット動作（膝を伸ばしながら股関節を伸ばす）。ハムストリングスはその反対の〝膝の屈曲〟という働きも担っているため、事が複雑になるのです。スクワット動作の時は、大腿四頭筋が膝を伸ばそうとします。ハムストリングスはそれにがんばって耐えながら、同時に強い股関節の伸展を生み出しているわけです。ハムストリングスの働きは、大腿四頭筋の活動を抜きにしては考えられないと言えるでしょう。

ハムストリングスは、大腿二頭筋、半腱様筋、半膜様筋の総称。三つの筋肉はポジショニングなどによって微妙な使い分けがされていると思いますが、大腿四頭筋の四種類の筋肉ほどの役割の違いはないと思われます。

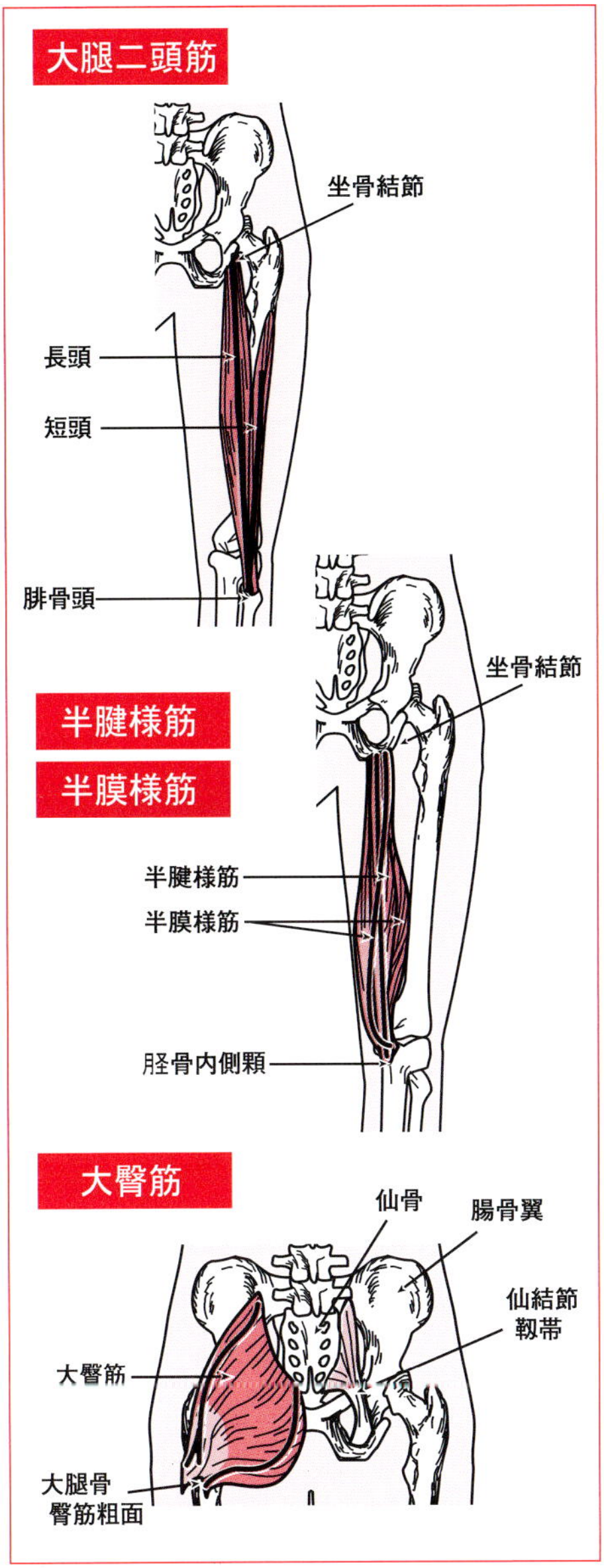

ミクロな解説をすると、ハムストリングスも大腿四頭筋と同じ羽状筋ですが、羽状角が小さく、筋線維が筋の長軸方向に走っている平行筋に近い形状をしています。羽状筋のほうが同じ体積に詰め込める筋線維の数が多いので、力発揮に適している。したがって、大腿四頭筋は筋肉全体としての力が強いということは前章で書きました。一方、ハムストリングスは力を出すというよりは伸び縮みをするのに適している構造をしていて、断面積あたりの筋力が小さい。構造的に大腿四頭筋の力にハムストリングスは勝てないため、結果としてスクワット動作がスムーズに行なわれるのかもしれません。

動作における役割

大臀筋とハムストリングスの主な役割である股関節の伸展。この動きは、どういう時に重要なのか。一番わかりやすいのは、走る時。前方への推進力を得るために、われわれは足を後方に強く蹴り出します。ハムストリングスが推進力を生み出すと言われることもありますが、正確に言うとそれは間違い。ハムストリングスそのものというより、股関節の伸展によって脚の根元から力を出すのです。この時、大臀筋とハムストリングスが一緒になって股関節を伸展させています。だから、2つの筋肉が大きく強ければ速く走るために有利だと言えるのです。

2つ目は、ジャンプ動作。これは大腿四頭筋の力だと思われがちですが、ジャンプは膝と股関節の伸展を同時に使うスクワット動作の延長ですから、やはり股関節の伸展が重要な役割を担います。膝の伸展と股関節の伸展、どちらが重要かということに関してはいろいろ議論があり、今のところよくわかっていません。ただ、バレーボールのように浅くしゃがんで跳び上がるタイプのスポーツをしている選手は、ハムストリングスに比べると大腿四頭筋がよく発達する。ところが、陸上の跳躍系の選手は、ハムストリングスのほうが発達しやすい傾向があるようです。理由はよくわかりませんが、ジャンプのしかたそのものが違うのかもしれないし、助走で速く走るトレーニングをすることが要因かもしれません。

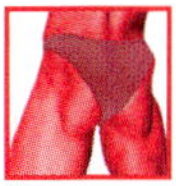

3つ目は、体のひねりを使う運動。野球のバッティングやゴルフのスイングなどです。体を回転させてパフォーマンスを高めようとすると、外腹斜筋などおなかをひねる筋肉が大事と思うかもしれませんが、じつは骨盤を回転させる原動力が一番大事になります。股関節の位置はそのままで上半身だけひねってバッティングをしても、鋭い打球にはなりませんよね。上半身をひねる前に、体軸に対して骨盤を強く回転させる力が必要なのです。骨盤が回転する時は、外側の股関節が伸展し、内側の股関節が屈曲する。したがって、ここでも大臀筋とハムストリングスが重要になります。野球でも、いい選手はお尻が大きい。骨盤が広く大きな大臀筋がついているということは、腰の回転中心からの半径が長くなるということでもあり、その分、大きな回転力を生み出すことができるということもあるのでしょう。

このように、走る時、ジャンプする時、体をひねる時と、さまざまな場面で股関節の伸展は動きの原動力になる。体の前面についている筋肉ばかりが注目されがちですが、大臀筋とハムストリングスも意外と活躍しているのです。ちなみに、ハムストリングスが単独で働く動作はレッグカールのような動きですが、これは実動作とはずいぶん違います。日常生活やスポーツで、そんな動きをする機会はほとんどない。ハムストリングスは、やはり大臀筋や大腿四頭筋の存在があってこそ光る筋肉だと言えるでしょう。

ハムストリングスと柔軟性の関係

大腿四頭筋は、重力に逆らって重いものを持ち上げるのが主な働き。それに対してハムストリングスは、単独の動作の場合は膝を曲げること——重力に逆らうというより、無負荷の状態で脚を折りたたむことが主な機能。だから、伸び縮みがよくできるような筋線維の配列になっていて、筋肉そのものに柔軟性があります。ハムストリングスが柔らかい人は、下半身全体の柔軟性も高い。前屈ストレッチで手のひらがペタッと床に着くような人は、ハムストリングスも柔らかいと考えられます。

基本的&効果的なトレーニング法

下半身を総合的に鍛えたいと思ったら、スクワット、デッドリフト、ランジという順番でトレーニングするのがベストでしょう。

スクワットは、大腿四頭筋7割：大臀筋&ハムストリングス3割という配分でやるのが一番。つま先の真上に膝がくるぐらいのオーソドックスなポジションで行なうと、だいたいそのバランスになります。

スプリンターなどはハムストリングスに強い負担がかかるので、大腿四頭筋がどんどん太くなってしまうとケガの危険性が高くなる。それを補うために、デッドリフトやフォワードランジを行なうのが効果的です。

ランジは前方に足を出して、そこから体のほうに向かって蹴り返すので、単純に膝を伸ばして立ち上がるスクワットより、ずっと大臀筋&ハムストリングスを使うことになります。おそらく、大腿四頭筋4割：大臀筋&ハムストリングス6割か、5割：5割ぐらいになるのではないでしょうか。

ランジは走る動作に近い股関節の使い方をするし、片足ずつ行なうという点でもスポーツ競技の特性に合っていると思います。ただ、前後の移動がある分、負荷が大きくなってくると重心位置の制御が乱れやすく、見た目以上に腰椎や膝に負担がかかる。ケガにつながる危険性もあるので、負荷は重すぎないほうがいいでしょう。10回でかなり効くぐらいの負荷を目安として、片足10回ずつ（両足で20回）を1セットとし、3セットも行なえば十分だと思います。重要なのは、足を前に出した時にギュッとブレーキをかけ、反対側に切り返す瞬間。そこに力発揮を集中して行なうことがトレーニングの要で、ダラダラやっても効果は出ません。そういった点では、少し難しい種目と言えるかもしれませんね。

大腿四頭筋の項では、レッグエクステンションをやりすぎると速く走る時のパフォーマンスが落ちる可能性があると書きました。では、レッグカールはハムストリングスにどう影響するか。こちらは、むしろプラスになるのではないかと思います。というのも、ハムストリングスは大腿四頭筋より力が不足しているので、バランスが崩れるとケガにつながる。スクワットなどをハードにやって大腿四頭筋を鍛えている人は、レッグカールを取り入れたほうがいいのです。

また、レッグエクステンションとレッグカールの両方をやってみて（できれば同じメーカーのマシン、あるいは一台で両方のメニューを行なえるマシン）、筋力の開きが大きい人（エクステンションに比べてカールが6割ぐらいしかいかない人）も、ハムストリングスの弱さがパフォーマンスに影響を与えている可能性があるので、レッグカールを取り入れてハムストリングスのサイズを増やしてあげたほうがいい。ケガの予防にもなるはずです。

ワイドスタンス・スクワット

足幅を広くとり、ハムストリングスと内転筋群に刺激を与えるスクワット。①バーベルを担ぎ、首の付け根と肩甲骨の間（僧帽筋が一番厚いところ）にセットする。足幅をミディアムスタンス（105ページ）よりさらに広げ、体を安定させる。視線は正面に向ける。②お尻を後方に引くような意識で沈みこむ。上体は前傾させる。猫背にならないように注意すること。沈みきったら、元の姿勢に戻る。スタンスが広がったことで深く沈みこめるようになり、重い重量を担げるようにもなる

フォワードランジ

①バーベルを担ぎ、首の付け根と肩甲骨の間にセットする。足幅を肩幅くらいにし、体を安定させる。視線は正面に向ける。②片脚を前方へ踏み出し、膝の角度が90度になるくらいまで曲げる。もう片方の膝は床すれすれまで下ろす。上体を前傾させないように注意。元の姿勢に戻る時は、踏み出した脚で思いきり床を蹴るように意識すること。脚は1回ごとに左右を入れ替える

グッドモーニング・エクササイズ

脊柱起立筋からハムストリングスにかけて強い刺激を与える種目。①バーベルを担ぎ、首の付け根と肩甲骨の間にセットする。②腰を90度近くまで曲げて前傾する。視線は正面に向ける。膝は少し曲げておく。背中を反らす力、足を踏ん張る力を利用して、一気にバーベルを上げる

レッグカール

①マシンにうつ伏せになり、脚をセットする。つま先は伸ばしておくこと。②膝を曲げ、脚を上げていく。上げきったら、元の姿勢に戻る。つま先を伸ばしておくと、ふくらはぎの筋肉がたるんだ状態になり、よりハムストリングスを鍛えることができる

▼ バックキック

大臀筋を鍛える種目。①四つんばいになり、視線は正面に向ける。背すじはピンと伸ばす。②上体は動かさず、お尻を締めて、膝を伸ばしながら脚を上げる。上げきったら、元の姿勢に戻る。片側が終わったら、脚を入れ替える

▼ ケーブル・バックキック

通常のバックキックより強い負荷をかけることができる。①脚にケーブルを巻き、マシンのバーを持ってセットする。上体はやや前傾させる。②股関節からお尻を上げるような意識で、脚を上げていく。上げきったら、元の姿勢に戻る。股関節の柔軟性は、人によって差が大きい。それぞれの限界まで脚を上げること。片側が終わったら、脚を入れ替える

ヒップリフト

ハムストリングスと大臀筋を鍛える。①仰向けになり、膝を立てる。②お尻を締めるような感覚で、持ち上げていく。よりお尻を意識しやすいよう、踵を上げてもいい。上げきったら、元の姿勢に戻る

サイドライ・ヒップリフト

中臀筋を鍛えるメニュー。①体を一直線にし、片ヒジで上体を支える。もう片方の手は頭に固定し、両脚をそろえる。②股関節を側屈させてお尻を浮かせる。上げきったら、元の姿勢に戻る。片側が終わったら、体の向きを変える

COLUMN

ヒップアップに最適のメニュー

ヒップアップのトレーニングというと、すぐに思い浮かぶのはバックキックのようなメニューでしょう。これはもちろんやって損ということはありませんので、取り入れてもらいたいと思います。

ただ、単にケーブルを引っ張ったりしてバックキックをするよりも、足を胸のほうに引きつける動作（ニーアップ）→後ろに蹴り上げる動作が連動していると理想的。というのも、ヒップアップは大臀筋の問題だけでなく、脊柱起立筋による腰椎の姿勢や骨盤の傾きなどがすべて関連しているからです。黒人のスプリンターなどは、お尻がとても発達していますが、あれは筋肉が大きいだけではなく、姿勢がまっすぐで骨盤が立っているからです。骨盤の傾きかげんを調整しようとすると、大臀筋の拮抗筋である大腰筋も刺激しないといけない。今はマシンも進化して、１台でニーアップとバックキックの両方に負荷がかかるものがあります。ヒップアップをしたかったら、まずそれをたくさんやるのが一番の近道でしょう。

マシンのない家庭でやろうと思ったら、膝を引きつけて後ろに蹴り上げるだけでもＯＫ。ただ、四つんばいになっていると膝を上げる効果が薄れてしまうので、立った状態で膝を高く上げるメニューと、四つんばいで後ろに足を蹴り上げるメニューの二つを行なうといいでしょう。

ジムに行ける人は、本当はデッドリフトをやるのがいい。軽い負荷でもいいので、正しいフォームでデッドリフトを行なうと腰椎の姿勢がひじょうによくなり、確実にヒップアップにつながると思います。

プラスαの筋肉知識

1 ハムストリングスの肉離れが起きやすい理由

先にも書いたように、断面積あたりの筋力は大腿四頭筋のほうがハムストリングスよりずっと高く、2つの筋肉が同じぐらいの太さの場合は、膝を曲げる筋力は膝を伸ばす筋力の5~6割ぐらいの比率になります。同じ断面積であっても、ハムストリングスは半分ぐらいの力しか出ないということです。

一般人の場合、2つの筋肉の太さは同じぐらいか、大腿四頭筋のほうが少し太い。となると、膝を曲げる力はせいぜい半分程度になるので、より強いジャンプやスプリント能力を出すのが難しくなります。それを補うために、ジャンプ系の選手やスプリンターはハムストリングスが発達する（あるいはトレーニングによって鍛える)。結果として、大腿四頭筋に比べハムストリングスのほうが太い脚になることも少なくありません。

また、ジャンプやスプリントはスクワット動作に近いので、主な役割を果たしているのは大腿四頭筋です。膝が伸びていく過程で、ハムストリングスはそれが伸びないようにとヒモのようにがんばっている。つまり、地面を強く蹴ってパワーを発揮している時、ハムストリングスは伸張性収縮をしていることになります。エキセントリックな力発揮をしながら引きのばされないように耐えているというのは、ケガを引き起こしやすい状況。だから、どこか部分的にパフォーマンスが落ちていたりすると、肉離れなどが起こりやすいのです。実際、スプリンターが走っている最中に脚部を痛めて動けなくなってしまうことがあります。それはハムストリングスの肉離れであることが多く、そういうケガの起こりやすさは、筋肉の構造的な違いに起因しているわけです。それを避けるためには、できるだけハムストリングスが大腿四頭筋の筋力に負けないように鍛えておくことが大切です。

2 ハムストリングスが過大評価されていた時代

1990年代の初頭、「速く走るには大腿四頭筋よりハムストリングスが大事だ」と盛んに言われていたことがありました。大腿四頭筋なんか鍛えても意味がない、とにかくハムストリングスを鍛えればいい。現場レベルではそんな極端な言い方をする人もいたほどです。ボートのオールと同じようなイメージで、足を後ろに振るから前に進む。大腿四頭筋はむしろ足を前に出して着地する時のブレーキになる。そんな意見も聞きました。ずいぶん一方的ですね。

たしかに、ハムストリングスは大腿四頭筋より力の弱い筋肉なので、速く走るためには十分に鍛える必要がある。とはいえ、それだけではアンバランスになってしまいます。あくまでも現状のバランスとしてハムストリングスが弱ければそれを補うトレーニングが必要なのであって、ハムストリングスの筋力が十分に高い状態でハムストリングスばかり鍛えていても、それはプラスにはなりません。

その後、アメリカの選手のトレーニングを参考に、今度は「大腰筋が大事だから、とにかく大腰筋を鍛えよう」という流れになってきた。しかし、筋肉はどれが大事というのではなく、全体のバランスとして考えなければいけません。偏ったトレーニングは、かえってパフォーマンスを下げてしまうことにもなりかねないので注意が必要です。

3 デッドリフトを活用する

背中の項で紹介したデッドリフトは、大臀筋やハムストリングスにも効く、とてもいいトレーニング法。ところが、意外とやっている人は少ないのが残念です。

腰を痛めそうなイメージが強いのかもしれません。しかし、実際には正しいフォームでトレーニングをしていると、むしろ腰を痛めにくくする効果があるのです。その点においても、きちっとしたデッドリフトを教えられる指導者が増えてくることを望みたいものです。

日本ではパワーリフティングの世界から指導者になる人が多いので、デッドリフトのフォームもジャパニーズスタイル（スモウスタイル）に近くなりがち。それも悪くはないのですが、これは体幹への負担をなるべく小さくし、脚の力を利用して持ち上げるスタイルなので、大腿四頭筋や内転筋のあたりに効いてしまう。じつはヨーロッパスタイルのほうがずっと大臀筋やハムストリングスを使います。

大臀筋とハムストリングスを鍛えるために、どうしても1種目だけ選ばなければならないとなった場合、私ならヨーロッパスタイルのデッドリフトを推薦します。

4 見えないケガ

お尻のインナーマッスルに梨状筋というものがあります。大臀筋をはがすとその下に走っている筋肉で、大腿骨を外側に回転させて股関節を外旋させるのが主な役割です。

かつてスピードスケートの女王と呼ばれた橋本聖子選手が、この梨状筋を肉離れしたことがありました。お尻の奥のほうがなんとなく痛い。力を出した時に出しきれない。しかし、日本のドクターには梨状筋の肉離れという診断はできませんでした。あきらかにスランプなのに、その原因がわからなかった。厚い脂肪と筋肉に覆われた部分なので、わからないのも無理はありません。

結局、彼女はカナダに行き、スケート選手をたくさん診ているドクターに調べてもらいました。するとすぐにわかったそうです。おそらく、現地では同じようなケガの例がいくつもあったのでしょう。スピードスケートは、股関節を外旋させてエッジを立てた状態から後方に足を蹴り出します。そこで梨状筋がしっかり働かなかったために、足が流れたりしてスピードが出なかったのだと考えられます。

股関節周辺には細かい筋肉がいくつもあります。そのうちのひとつが原因で、パフォーマンスが上がらないということはあり得るでしょう。股関節は下半身の運動の原動力となる部分なので、もしかしたら知らないうちにスランプになっているということもあるかもしれません。

プラスαの筋肉知識

TRAINING METHOD

PART. 7

上腕

＜上腕二頭筋・上腕三頭筋＞

スピードの二頭筋とパワーの三頭筋

上腕二頭筋、上腕三頭筋は筋肉美の象徴のひとつとも言えるもので、とくに男性にとっては関心の深い筋肉でしょう。普段トレーニングをしていない人でも「腕が太くなりたい」という願望はあるでしょうし、ボディビルの世界でも腕の筋肉が十分に発達していないとなかなか勝つことはできません。

左ページの図のように、二頭筋は筋肉の頭（起始部側）が二つ（長頭・短頭）あり、三頭筋は3つ（内側頭・外側頭・長頭）ある。これが名前の由来です。二頭筋は肩と肘という2つの関節をまたいで走っている二関節筋。三頭筋は長頭が肩甲骨と前腕の骨を結ぶ二関節筋、外側頭と内側頭は単関節筋です。

二頭筋は比較的単純な構造で、肘の屈曲という動作は研究しやすいということもあり、いろいろな実験が行なわれています。研究対象としての使用頻度は、大腿四頭筋に匹敵するでしょう。

二頭筋の働きは肘の屈曲がメインですが、二関節筋であるがゆえに、肘が伸びている状態で収縮すれば肩を前方に挙上する役割も果たします。三頭筋はまったく逆で、肘の伸展をメインの働きとしますが、部分的に二関節筋であるため、肘が固定されていると肩を後方に挙上させます。

二頭筋と三頭筋は、脚部（ハムストリングスと大腿四頭筋）と同じ拮抗筋であることは言うまでもありませんが、筋線維の形態も脚部と同じような関係が成り立っています。二頭筋は典型的な平行筋（紡錘状筋）で、力はあまりないけれども、スピードを出すのに適している。三頭筋は典型的な羽状筋で、筋線維が鳥の羽のように斜めに走っています。肘をすばやく伸ばすというより、重力に逆らって大きな力で肘を伸ばし、体重や負荷を支えるという性質があります。これは、人類が二足歩行になる前に、四本足で歩いていた時代の名

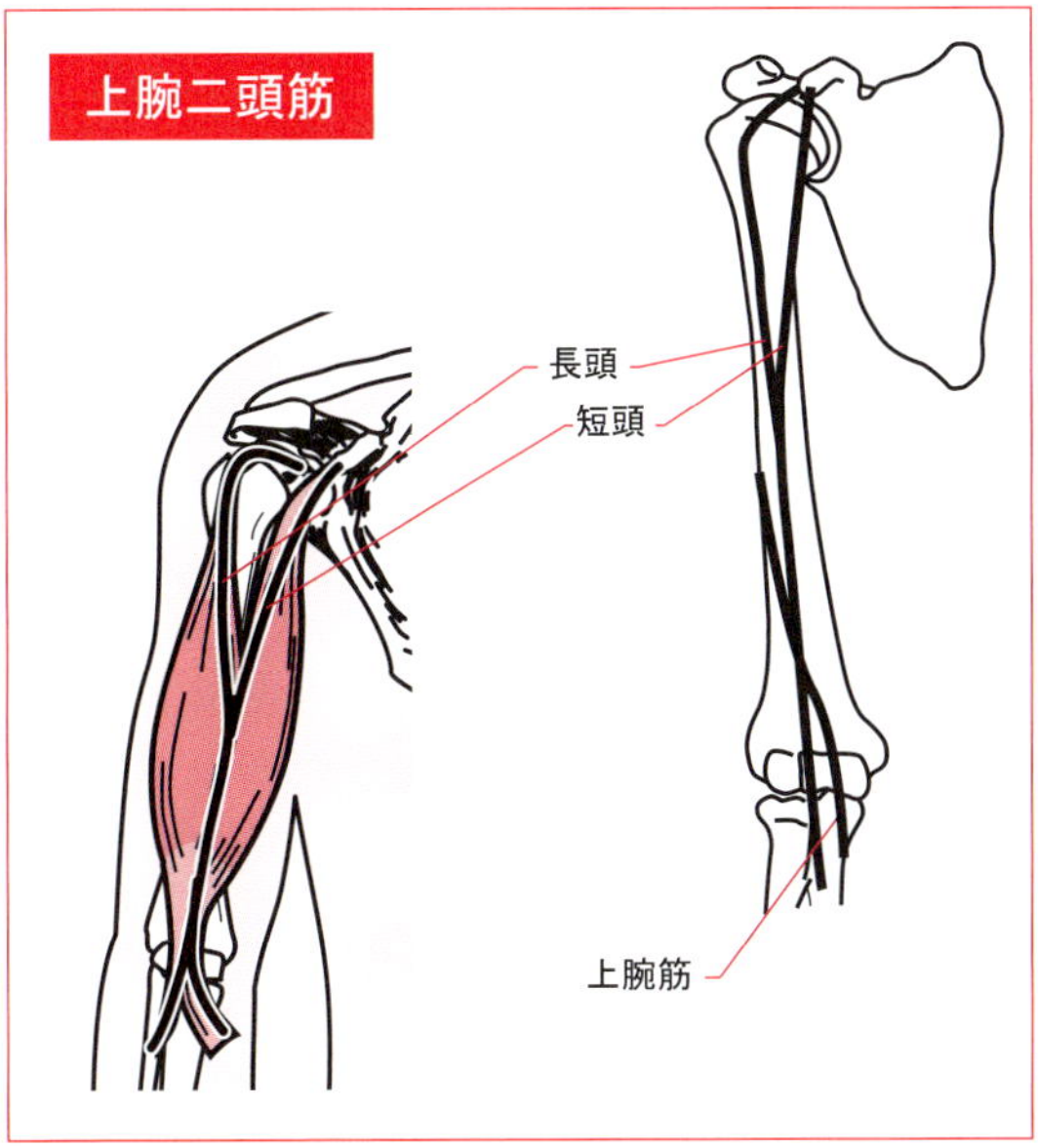

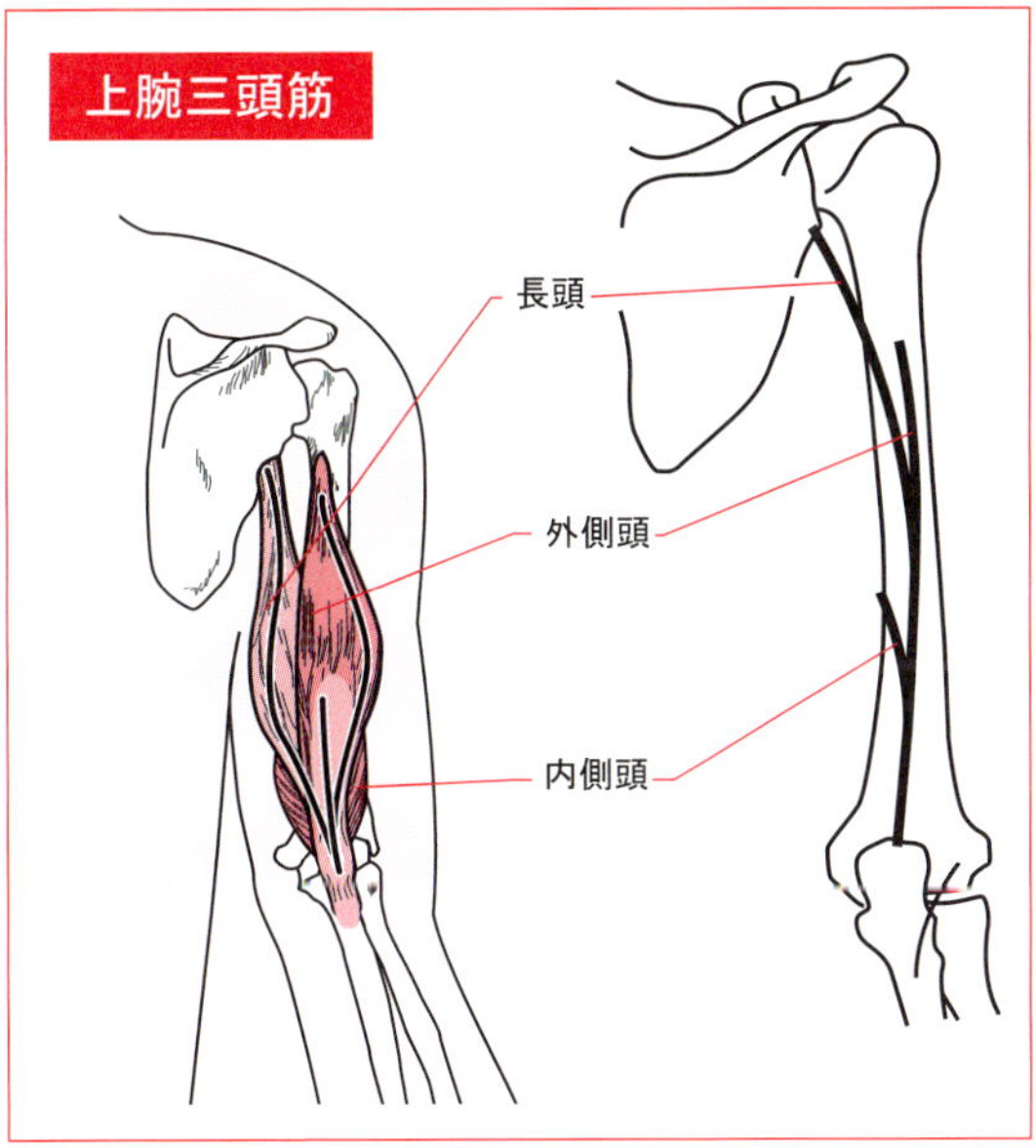

残かもしれません。今でも赤ちゃんはハイハイをする時に腕も使って体重を支えますが、これは三頭筋の力を使っていることになるわけです。

上腕には、二頭筋と三頭筋の他に上腕筋も走っています。これは単関節筋で、肘を安定させたり、肘をひねる動きに関係していると考えられます。また、二頭筋の補助として肘を曲げる働きもあります。ただ、運動に積極的にからんでくる筋肉ではありません。また、肘を曲げる動作に関しても、その70%ほどの力は二頭筋が担当し、残りの30%は上腕筋や前腕の筋などいくつかの筋肉でまかなっています。実質的な力発揮は二頭筋がメインとなるので、本書では上腕筋にはあまり触れません。

動作における役割

日常生活のさまざまな動作やスポーツ競技では、力の源は足腰。エネルギーを生み出すという点では、腕の重要性はさほど高くありません。

ただ、実際にボールを投げたり、モノを持ち上げるのは末端部の仕事。足腰の生み出した大きなエネルギーを末端に伝えるために、最終的には腕の役割が重要になってきます。下半身がつくったエネルギーを、いかにロスすることなく指先まで伝えるか。それによって、運動の質や効率が左右されるのです。

↑投動作にも上腕三頭筋は大きく関係する

↑「引き」の動作は、広背筋と上腕二頭筋の連携によって生み出される

具体的な動きで言うと、二頭筋は「引き」の動作。ボートのロウイングなどはもちろん、相手とつかみ合ったり引きつける動きの多い格闘技でも、ひじょうに大事です。引き動作の際に一番頼りになるのは広背筋ですが、いくら広背筋が強くても腕が弱いと全体的な力が弱くなってしまう。二頭筋は、無視できない名脇役と言えるでしょう。

三頭筋は大胸筋の補助として「押し」の動作で活躍します。また、スポーツ競技で注目したいのは、投動作です。やり投げも、野球の投球も、肘の伸展をともなうので、三頭筋の働きを無視しては考えられません。

実際、やり投げのパフォーマンスと三頭筋の筋力について研究されたデータがあり、これはあきらかな相関があります。三頭筋の強い人は、やり投げの距離も出る。投動作の根本的なパワーは下半身が生み出しますが、肘を伸ばす筋力も強くないと結果に結びつかないということがわかります。

障害防止という観点から言うと、三頭筋だけをトレーニングすると筋力のアンバランスが起こり、投げた時に肘の伸展が止まらず、関節に負担がかかってしまいます。伸展動作にブレーキをかけるためには、反対の二頭筋を鍛えておく必要もある。おもしろいことに、二頭筋とやり投げの飛距離の関係を見ると、三頭筋ほどではないにしろ相関があります。三頭筋が強い選手は、二頭筋も強い傾向があるのです。自然に発達した場合も考えられるし、意図的にトレーニングをしている人もいるかもしれませんが、いずれにしても2つの筋肉はバランスが取れていないと、いいパフォーマンスにはつながらないようです。

逆に、二頭筋ばかり鍛えて三頭筋がおろそかになってしまうのもダメ。やはり障害に結びつく可能性が高いので、拮抗筋である三頭筋のトレーニングにもしっかり時間を割きましょう。

体操のように「引き」「押し」ともに重要な競技もあります。プッシュ動作で逆立ちをしたかと思えば、吊り輪などでは腕を体に引きつける力が求められる。このような競技をやっていると、おのずと両方の筋力が強くなっていきますが、やはりケガを避けるためにはトレーニングの時にもバランスを意識する必要があります。

基本的&効果的なトレーニング法

最も基本的なメニューを挙げると、二頭筋はカール、三頭筋はトライセプス・プレスということになります。これらは見た目ほど簡単ではなく、わりと奥が深い。両方とも二関節筋（三頭筋は部分的に二関節筋）なので、バーベルやダンベルを持って肘を曲げ伸ばしすればいいという考え方でやっていると、うまく発達させられません。

大切なのは、なるべく広い可動域で筋肉に力を出させてあげること。つまり、筋肉が最も伸びた状態から、最も縮んだ状態まで動かすことが効果的なトレーニングになります。

二頭筋の場合は、肩を後ろに持っていき、さらに腕を回内しながら手のひらをひっくり返すようにした状態。そこで最も筋肉が伸びています。今度は肩を前に持ってきて、肘を曲げ、腕を外側にひねって手のひらを外側に向ける。これが最も筋肉が縮んだ状態となります。

だから、二頭筋をフルに使ってトレーニングをするためには、肩のポジションを変えることが重要。たとえばプリーチャーベンチ・カール（上腕二頭筋よりも、上腕筋や腕橈骨筋に効くメニューです）で肩を前に回した状態と、インクライン・ダンベルカールのように肩を後ろに引いた状態の両方をやることによって、タイプの違った刺激を筋肉に与えることができる。本格的に腕を太くしたいのであれば、このように筋肉が縮んだ位置、伸びた位置と、2通りくらいのメニューを行なった方がいいでしょう。とくにインクラインで肘を後ろに引いた体勢でカールを行なうと、サイズアップの効果が上がると思います。

また、ダンベルを使うと腕のひねりを加えることができるので、これも十分に活用しましょう。腕に関しては、バーベルよりもダンベルが効果的だと考えられます。

三頭筋は二頭筋とは正反対で、肘を上げると筋肉が伸び、肘を下げると縮みます。立位でのトライセプス・

プレスは筋肉が伸びた状態でのトレーニング、トライセプス・プレスダウンは縮んだ状態でのトレーニングになります。筋肉のサイズを増やすためには立位でのプレスが一番効果的ですが、長頭、内側頭、外側頭のバランスを考えると、少なくとも2種類、できればその中間であるトライセプス・プレス・ライイングも取り入れるといいでしょう。

トライセプス・キックバックは、三頭筋を最も縮めた状態。このような運動をすると、三頭筋の長頭は縮みきってほとんど働きません。結果的に内側頭と外側頭に大きな負荷がかかるトレーニングになります。だから、見かけよりもずっときつい。外側頭が発達すると三頭筋の輪郭が際立ってくるので、ボディビルでは外側頭がひとつのキーポイントとなっています。ですから、キックバックはボディビルダーにとって必須種目となっているのです。

二頭筋と三頭筋は、できれば同じくらいの量と質のトレーニングをすることを勧めます。そして、前述したように、いくつかのメニューを組み合わせることも大切です。セット数は少なめでも腕の筋肉は反応してくれるので、基本メニューとしては、各種目8回3セット。それを週2回もやれば確実に効果が上がります。初心者であれば、3カ月も続けると断面積で10～15％くらい、周径で2～3㎝くらいのアップはあり得ると思います。

ただ、トレーニングには「内から外へ」という原則がありますので、いくら腕が大事でも、たとえば三頭筋を鍛えた後にベンチプレスに移行すると、腕が疲れてしまって胸のトレーニングになりません。順番としては、あくまでも大きな筋肉から鍛えていくように心がけましょう。

バーベルカール

上腕二頭筋を鍛える種目。①バーベルをリバースグリップで握り、腿の前にセットする。肘は伸ばしきらないこと。②肘を曲げてバーベルをアゴの前まで上げる。上げきったら、元の姿勢に戻る。バーベルを上げるにつれて、肘がやや前に出てくるように意識すること

プリーチャーベンチ・カール

上腕二頭筋が力を出しにくい肩の角度にし、上腕筋や腕橈骨筋に効かせる種目。①バーベルをリバースグリップで握り、肘を支えに乗せて固定する。肘は伸ばしきらないこと。②肘を曲げてバーベルをアゴの前まで上げる。上げきったら、元の姿勢に戻る

▼ インクライン・ダンベルカール

プリーチャーベンチとは逆方向に肩関節を回すことで、上腕二頭筋に効きやすくする種目。①背もたれに体を預け、両手にダンベルを握る。脇を締めずにダンベルを垂らす。肘は伸ばしきらない。②肘を曲げてダンベルを腕の付け根あたりまで持っていく。上げきったら、元の姿勢に戻る

▼ トライセプス・プレス・スタンディング

上腕三頭筋を鍛える種目。①バーベルをオーバーグリップで握り、頭上に掲げる。握り幅は肩幅よりやや狭めで、肘は伸ばしきらないこと。背すじをピンと伸ばし、視線は正面に向ける。②肘を曲げ、バーベルを頭の後ろへ下ろしていく。下ろしきったら、しっかりと肘を伸ばしてバーベルを上げる。肘の位置はほとんど変えない

トライセプス・プレス・ライイング

ベンチに横たわって行なうトライセプス・プレス。①バーベルをオーバーグリップで握り、真上に掲げる。握り幅は肩幅よりやや狭めで、肘は伸ばしきらないこと。脚は床につける。腰への負担を軽くしたい場合は、ベンチの上で膝を立たせてもいい。②肘を曲げ、バーベルを頭頂部めがけて下ろしていく。下ろしきったら、しっかりと肘を伸ばしてバーベルを上げる。肘の位置はほとんど変えないこと

ダンベル・トライセプス・プレス

①片手でダンベルを持ち、頭上に掲げる。肘は伸ばしきらないこと。もう片方の手は、腹部に固定させておく。背すじをピンと伸ばし、顔は正面を向く。②肘を曲げ、ダンベルを頭の後ろへ下ろしていく。下ろしきったら、肘の位置を変えずにダンベルを上げる。片側が終わったら、腕を入れ替える

トライセプス・キックバック

①片手でダンベルを持ち、もう片方の手をベンチに置く。さらに安定させるために、片膝をベンチに乗せてもいい。視線は正面に向ける。②肘を伸ばし、後方へダンベルを持っていく。肘を伸ばしきる直前で、元の姿勢に戻る。片側が終わったら、腕を入れ替える。肘の位置は変えないこと

トライセプス・プレスダウン

①足幅を肩幅くらいにし、下半身を安定させる。上体を前傾させてケーブルを握る。胸を張り、目線は正面に向ける。②肘を伸ばし、真下にケーブルを引く。肘を伸ばしきる直前で、元の姿勢に戻る。肘の位置は変えないこと

肘を曲げる力が最も強くなる角度は？

肘を曲げる力は、肘関節の角度に応じてどう変わるのか。かつて、われわれの研究室でそれを調べてみました。表にあるように、結果は100～110度くらいで最も力が強くなる。それ以上角度が小さくなっても、大きくなっても、力は弱くなってしまいます。

一方、バーベルやダンベルなどの負荷は、肘の関節が90度になったところで一番大きくなるので、ギリギリの負荷を持ち上げている時は、90度のところできつくなって止まってしまう。そこでチーティング（反動をつけて負荷を上げること）を行なったりするわけですが、上半身を後ろに傾けることで反動がつくだけでなく、肘の関節も少し開きます。それでまた力が強くなり、バーベルが上がりはじめるということが起こるのです。

カールを行なう際、「肘を脇につけて動かさないように」と教えられますが、本当は負荷を上げるにしたがって少し肘を前に出した方がいい。そうすることで肘関節の角度が変わり、重いものを上げることができるし、筋肉の特性に対して正直に負荷がかかることにもなる。肘を脇に固定するというのは、じつは不自然なカールであるとも言えるのです。肘をやや動かしながら行なったほうがトレーニングの質も高くなり、長期的に見ると筋力アップにもつながると考えられます。

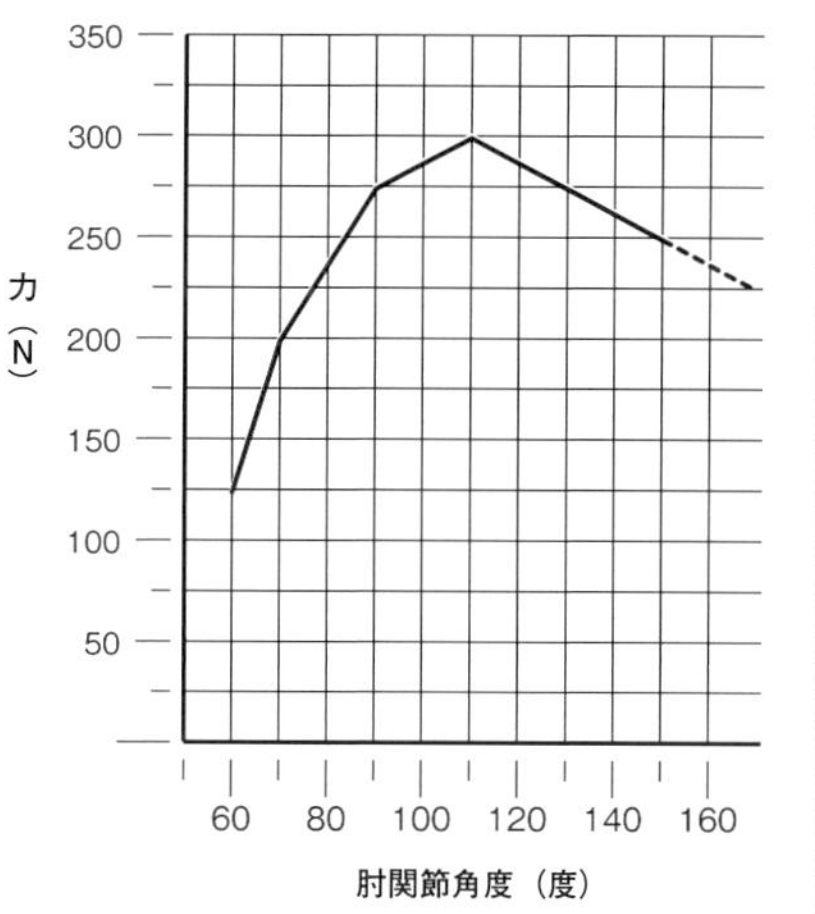

プラスαの筋肉知識

1 腕は、どこまで太くなる？

ボディビルの世界では腕が太いことは勝つための必須条件。ところが、現実には「腕を太くするのは難しい」というのが通念となっています。腕の種目はたくさんあり、動きの単純なメニューが多いのですが、なかなか腕は太くなってくれないのです。

だからこそ、腕を太くできた人は成功を収めるケースが多い。1970年代に「ミスターオリンピア」で6連覇（通算7度の優勝）を達成したアーノルド・シュワルツェネッガーも、長年にわたって王座に君臨できたのは上腕のサイズが十分だったからでしょう。全盛期には周径が56㎝ほどもあったそうです。

日本の男性の平均は28㎝前後。女性は25㎝くらいでしょう。50㎝を超えると、異常なほど太く感じます。私も一番太い時代には50㎝ありましたが、これは冬の増量期で体重も105㎏ほどあった時でした。コンテストに向けて脂肪を落としていくと、必然的にサイズもダウンしてしまうので、コンテスト当日は45～46㎝になっていました。それでも当時の日本人としては飛びぬけていたと思います。以前、シリコンを注射して60㎝まで太くした人がいましたが、自分の筋肉で60㎝に到達した人はいないのではないでしょうか。今でもシュワルツェネッガーの太さがトップレベルでしょう。

普通の日本人であれば、まずは30㎝を目標にしてはどうでしょう。そうすれば「たくましい腕」という印象を与えられます。35㎝を超えると、あきらかに鍛えているのが外見からわかる。目指すラインは、そのあたりだと思います。

2 二の腕をシェイプする方法

男性が腕を太くしたいと思う一方で、女性の中には腕のたるみを引き締めたいという人が多いと思います。ですから、女性が興味を持っているのは、二頭筋よりも三頭筋ではないでしょうか。

女性向けのエアロビクスプログラムでは、ペットボトルや軽いダンベルなどを持ってトライセプス・キックバックのような動きをやっているのをよく見かけます。これはアメリカの影響でしょう。もちろん腕の引き締め効果はありますので、やっている人はそのまま続けてください。しかし、本当にスリム化したいのであれば、これだけでは足りません。キックバックは長頭をほとんど使っていないので、三頭筋全体のトレーニングにはならないのです（142ページ参照）。

負荷は軽くてもいいので、ぜひメニューの種類を増やしてください。少なくとも立位でのトライセプス・プレスとキックバックの2種類はやっておきたい。そうすればバランスよく筋肉が引き締まるはずです。

ただし、引き締めるだけでなく、脂肪を落としたいとなると話は別です。筋トレそのものが脂肪を落とすわけではないので、有酸素運動を取り入れる必要があります。脂肪を燃焼させながら、筋肉を鍛えることが大切。あるいはサーキットのようなメニューを組んで、エアロビックな運動と組み合わせるのがいいでしょう。引き締まった腕は1日にして成らず。1回のトレーニング時間は短くてもいいので、コツコツ地道に続けていくことです。

3 「体幹タイプ」と「腕タイプ」

基本的には、体の中心に近い筋肉が大きくなれば、そこから伸びる筋肉も太くなりやすいと言えます。ただし、究極的に言うと、それはちょっと違う。というより、完全にわかっていないというのが現状です。

ボディビルダーで言うと、体幹がひじょうに発達しているけれど腕が細いタイプの人と、腕は発達しているけれど体幹が弱いというタイプに二分されます。両方が発達していればトップ中のトップになるわけですが、そうなるのはなかなか難しい。遺伝かもしれないし、骨格の問題かもしれない。そういったものを全部あわせた〝体質〟が原因かもしれません。

かつて日本選手権で14回も優勝した小沼敏雄選手は、若い頃から体幹がすばらしかった。ところが、腕が細いと言われ続けていて、本人もそれがウィークポイントだとわかっていました。もちろん日本のライバルたちから見れば十分な太さなのですが、世界と比較するとどうしてもサイズ的に見劣りしてしまう。それを克服しようといろいろな工夫をする必要がありました。

私は、逆に体幹よりも腕のほうが発達しやすいタイプでした。いずれも原因はよくわかりません。もしかしたら、トレーニングをする際、最初に発達した筋肉に頼りがちになるということもあるのかもしれません。

真剣にトレーニングをしていれば、自分がどちらのタイプであるかは、だんだんわかってきます。それをなるべく早いうちに見極めることも大切でしょう。そして、足りない部分を補っていく。腕が発達しやすい人は、たとえば胸のトレーニングをする時にダンベルフライやバタフライのようなダイレクトに大胸筋を使う種目を多めに取り入れる。そういう工夫を早い段階から取り入れていれば、よりよい体づくりができるのではないでしょうか。

プラスαの筋肉知識

4 〝使える腕〟をつくるために

下半身で生まれたエネルギーは、体幹を通って上腕へと伝わってきます。そして最終的に動作をうまく行なえるかどうかの決定は、腕の筋肉が担っている。パワーを出すだけでなく、いろいろな動きに合わせた柔軟な対応ができなければなりません。「引く」という動作の主動筋は広背筋です。ただ、広背筋は力はあるけれども、守備範囲がそれほど広くない。ボートをこぐような単純な動きの場合はいいのですが、格闘技のような複雑な動きになると広背筋の力だけではどうにもなりません。一定の動きではないので、マシンのように軌道の決まったトレーニングだけでは競技に見合った十分な筋力をつけるのは難しいのです。

上から下に引いたり、前方から手前に引いたり、斜めに引き下ろしたり、さまざまな「引き」に対応するという点においては、広背筋よりも腕のほうがずっと守備範囲が広い。その腕をしっかり鍛えておくことが、ひじょうに大事になってきます。

柔道やレスリングなどの選手は、よく「ロープのぼり」というトレーニングをします。これは広背筋よりも上腕二頭筋や前腕に効くメニュー。彼らはああいった実戦的な動きでトレーニングすることで〝使える筋肉〟をつくっているのです。守備範囲が広いからこそ、腕の強化にはいろいろな工夫が必要です。

COLUMN

細い腕と太い腕、どっちがいい？

野球で速いボールを投げるためには、リーチが長いほうが有利。加速のためのストロークを十分にとれるからです。しかし、長い腕があまり太くなってしまうと、それを動かすためには大きな筋力が必要になり、すばやく腕を振るという点でマイナスになってしまいます。三頭筋は投動作に影響する筋肉ではありますが、だからと言って、太くなりすぎるのはあまりよくない。むしろ足腰をしっかり使ってエネルギーを生み出し、腕は振るだけという感じにしたほうがスピードは出やすいと考えられます。実際、野球のピッチャーを見ると、腕が細めの人が多いですよね。

ところが、メジャーリーグなどを見ると、中にはとても腕が太いピッチャーもいる。これはどういうことでしょうか？　理由はいくつかあるでしょうが、ひとつ考えられるのは、障害防止のために腕に筋肉をつけているということです。

長いあいだ同じフォームで投球を続けていると、肘に強いストレスがかかり、故障の原因になりやすい。そうならないためには、上腕の筋肉で関節を安定化することが大切です。それによってスピードの面で少し不利になるかもしれないけれども、長期的にパフォーマンスを維持することにつながる。一方、腕が細い選手は、全盛期はスピードのある球を投げられるかもしれませんが、選手生命が短くなってしまうかもしれない。

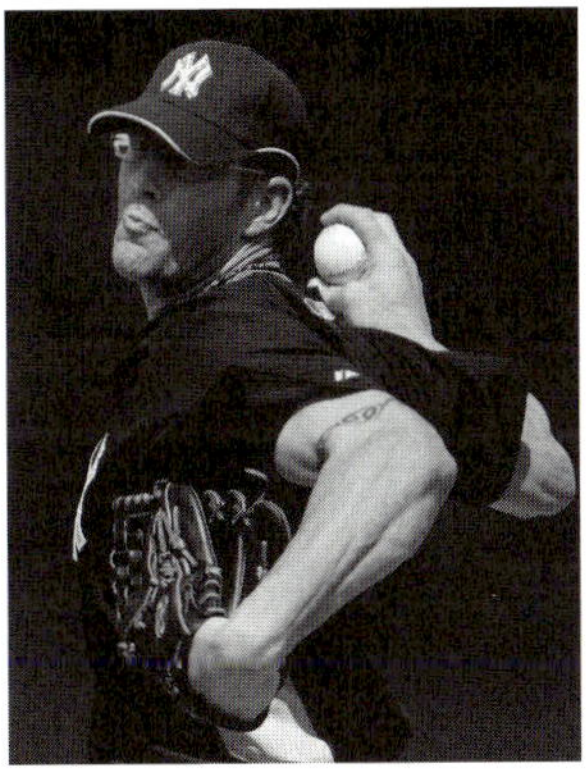

もちろん、腕の筋肉が故障の原因のすべてではないでしょうし、ケガの危険があってもスピードにこだわりたいという考え方もあるかもしれないので、これはひじょうに難しい問題です。ただ、オフシーズンのトレーニングで、ある程度の筋力をバランスよくつけておくことは、コンディショニングという点で重要だと思われます。

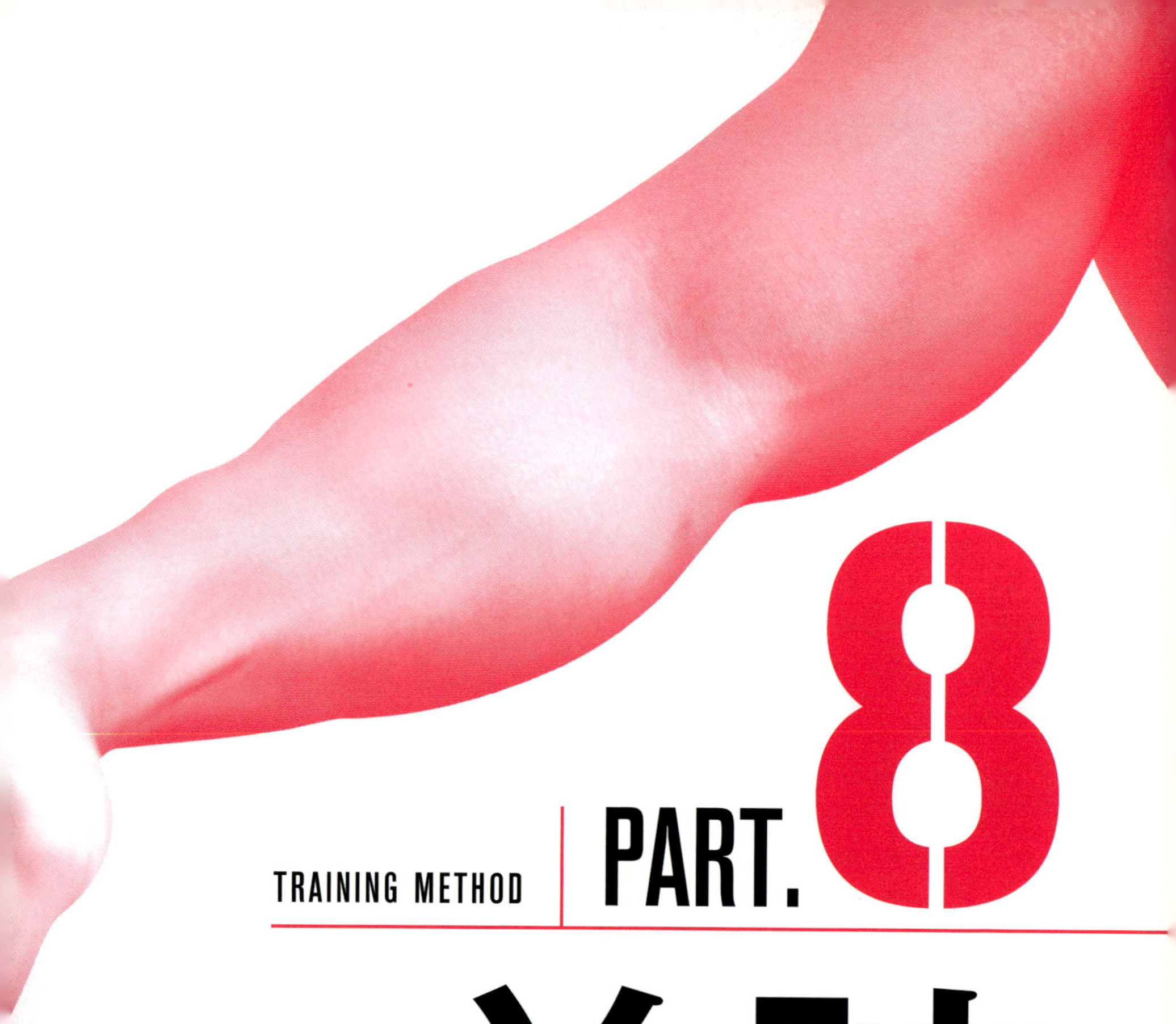

TRAINING METHOD

PART. 8

前腕
下腿

小さなパーツにたくさんの筋肉

前腕は指を動かす筋肉と連動しているため、たくさんの細かい筋肉が詰まっています。しかも、それらの筋肉を支配する脳の領域も広い。脚部などの筋肉は大きいわりにそれを支配する脳の領域はせまく、大きな力をズドンと出すような調節しかできません。対照的に、前腕は大きな力を出すというよりは、細やかな調整がきくような筋肉と神経系の構造をしているのです。

動作も多彩でひとくちには言えませんが、日常的な動きとしては手首の掌屈（前に曲げる）と背屈（後ろに曲げる）がメインでしょう。その動きを行なう筋肉の中にも、手のひらで終わっていて手首だけを屈曲・伸展させる手根屈筋群・手根伸筋群、指先までつながっていて指の曲げ伸ばしに関与する指伸筋・指屈筋があります。さらに母指だけを伸ばす働きがある長母指伸筋、人差し指や中指を伸ばす筋肉など、ひじょうに複雑。腕橈骨筋、円回内筋のように上腕骨から手関節まで通っている二関節筋もあり、これらは肘を曲げたり前腕を回内させる動作でも力を発揮しています。

筋肉の質としては持久性が高く、ちょっとした運動をしたぐらいでは疲れません。だから、トレーニングでも他の部位より回数をこなす必要があります。では遅筋線維が多い筋肉なのかと言うと、そうでもない。

速筋と遅筋の割合は5：5ぐらいで、筋線維そのものの持久性が高いわけではありません。それなら、なぜ疲れにくいのか。現在のところ、よくわかっていません。

推論ですが、前腕は先にも書いたように支配している脳の領域が広く、細かい運動ができるように神経がたくさん入っています。だから、ある運動をする時にも一度に筋力を使わず、運動が進むにつれて少しずつ筋肉を動員させていくのではないでしょうか。研究データはありませんが、経験的にも、おそらく間違いないでしょう。

続いて下腿について。下腿にも前腕と同じようにさまざまな筋肉がついていますが、普段の運動で足の指を細かく調整したりするケースは少ないので、本書では足首の背屈（屈曲）と底屈（伸展）に照準を絞って解説します。

背屈は、前脛骨筋が主動筋で、そこに長指伸筋が加勢します。一方、底屈の場合は腓腹筋、ヒラメ筋が一番大きな働きをしますが、長腓骨筋、短腓骨筋という部分的に働く筋肉もあります。

腓腹筋とヒラメ筋は両方ともアキレス腱につながっていますが、ヒラメ筋は下腿骨と踵を結ぶ単関節筋、腓腹筋は大腿骨から伸びて膝関節と足関節を通る二関節筋です。また、大きな特徴は、ヒラメ筋は圧倒的に遅筋線維が多く、腓腹筋は速筋線維が多いこと。ふくらはぎの筋肉はあきらかに機能分化しているのです。

ヒラメ筋は立っているだけでも、ずっと力を発揮しています。力は大きくないけれども、低い活動レベルを維持しつづけている。そのためにはスタミナのある筋肉でなければいけないので、遅筋線維が多い。それに対して腓腹筋はジャンプしたり、積極的に足関節を底屈させてパワーを生み出す役割があります。だから速筋タイプになっているのでしょう。

前腕屈筋群

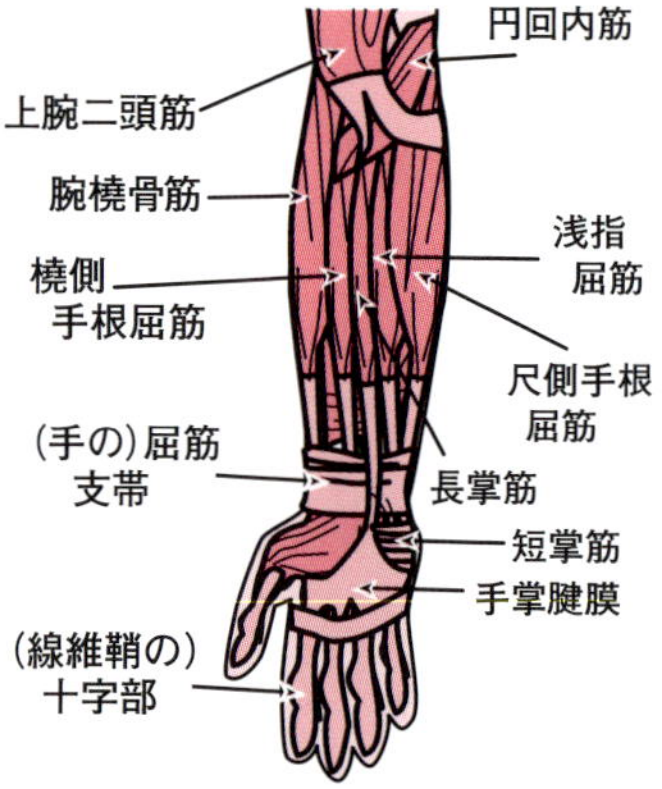

前腕伸筋群

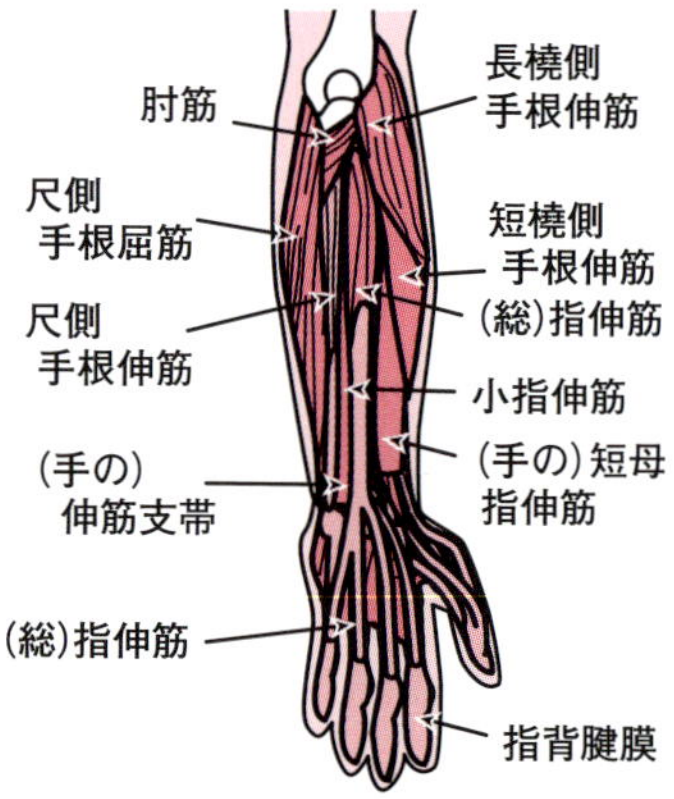

前脛骨筋

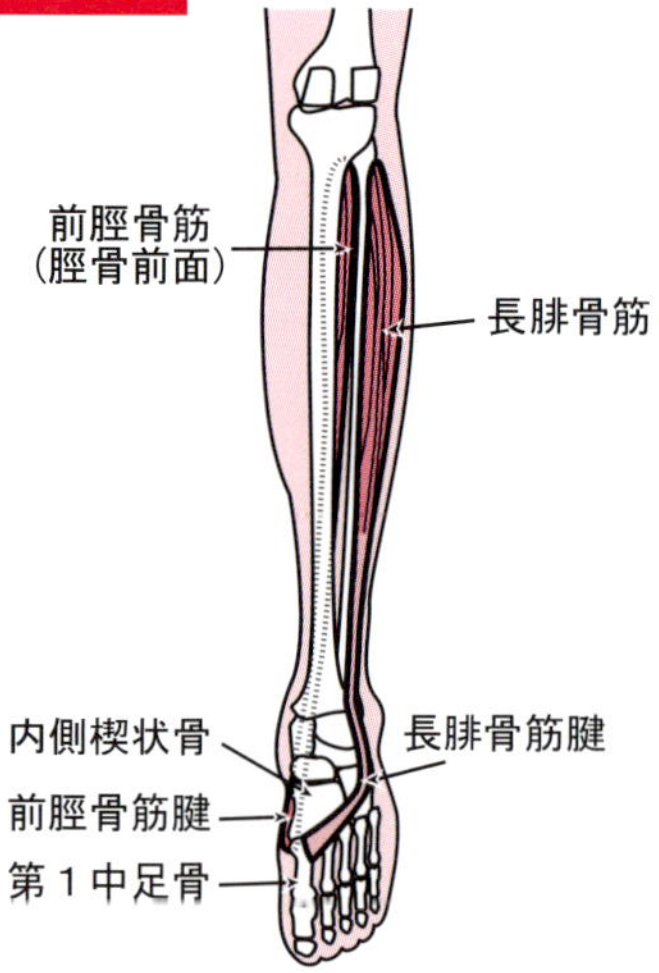

ふくらはぎ

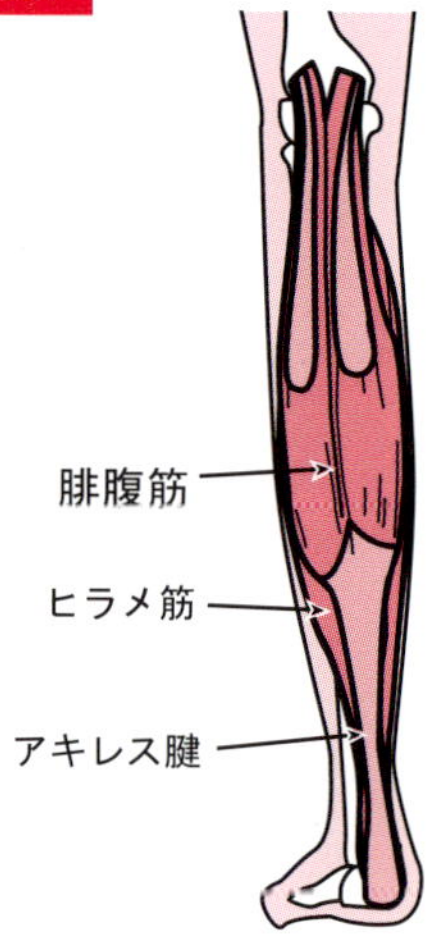

動作における役割

大きな力を生み出す原動力になるのは体幹に近い筋肉。前腕や下腿は体の末端部なので、トレーニングの重要性という点では低く見られがちだと思います。たしかに、一般人やトレーニングビギナーは特別に意識して鍛えなくてもいい部分かもしれません。しかし、アスリートや高レベルのトレーニング実施者の場合は、そうではありません。

末端は最終的な運動の仕上げをする場所。たとえばボールを投げる時、足腰の筋肉が生み出した力を使うだけでなく、手首の動きをすばやくできれば、さらにスピードを加速することが可能です。その力を上乗せするかしないかで、大きな差になってくることもある。体幹や足腰の筋肉に比べて前腕や下腿が弱いと、最後にこけてしまうということにもなりかねません。

運動の微妙な調整をするという点でも、手首の動きは重要です。ボールをコントロールしたり、再現性の高い運動をしたりする場合など、前腕の細かい筋肉も的確に働かせなければいけない。また、指を曲げたり伸ばしたりする筋肉も前腕に集中しています。虫様筋といった手のひらの筋肉もありますが、「握る」力そのものの鍵を握っているのは前腕の筋肉です。とくに相手をつかむ柔道のような格闘技や、テニスのようなラケットスポーツなどでは、前腕が弱いとパフォーマンスを左右しかねない。テニスなどで腕の筋肉に左右差のある選手が多く見られることからも、いかに前腕の筋肉が重要かわかると思います。

下腿は、ジャンプやスプリント系の種目で最終的にパフォーマンスに関係してくる筋肉です。だから、しっかり鍛えなければいけないのですが、超一流のスプリンターやジャンパーのふくらはぎを見ると、決して太くありません。黒人系の選手は、むしろ細い人も多い。ボディビルの世界でも、ふくらはぎが細いという欠点を持った黒人のビルダーが過去にたくさんいました。これはあきらかに人種差でしょう。

では、ふくらはぎが細いのに、なぜスプリント能力やジャンプ能力が高いのか。じつは筋肉そのものが細いのではなく、彼らは腓腹筋やヒラメ筋が〝短い〟のです。膝に近いところに短い筋肉がついていて、その分、アキレス腱が長い。筋肉の断面積が細いわけではないのですが、筋肉のない部分が長いために全体として細く見えるわけです。そして、先端の重いハンマーが振りにくいのと同じように、すばやく脚を振るためには根元が太くて先が細いほうが都合がいい。

また、脚が生み出すパワーは、アキレス腱がバネの役割をすることによって増幅されます。だから、筋肉そのものが大きな力を出すだけでなく、発揮した力をアキレス腱にうまく溜め込むことが大事。アキレス腱が長いほうが、引っ張られて伸びる幅も長くなるので、より大きな力を溜め込むことができる。最初から強力なバネがついているようなものです。

以上の二つの理由により、ふくらはぎの筋肉が短くて根元についているほうが、スプリントやジャンプ系の種目では有利であると考えられます。

日本人はヒラメ筋が大きく、アキレス腱が短いという特徴があります。ボディビル界では、このふくらはぎが美しいと評判なのですが、スプリントやジャンプではプラスの要因とはなりません。これは遺伝的な問題なので、しかたないところでもあります。それらの競技で結果を出すためには、その欠点を補って十分なふくらはぎの筋肉をつくっていくことが大切です。

ただ、相撲で相手を押していく時のように、持続的に力を出していく動作となると、ふくらはぎの筋肉そのものが太く、大きな力を出すことが重要になってくるでしょう。相撲では、ふくらはぎが大きくて太い日本人の脚のほうが有利かもしれません。

基本的＆効果的なトレーニング法

前腕はたくさんの筋肉が詰まっているので、全面的に鍛えようと思ったら、さまざまなメニューを取り入れる必要があります。ダンベルを持って手首を曲げるトレーニング（屈曲・伸展）、指屈筋群を鍛える（握力を鍛える）ために手を握るトレーニング、その両方を同時に行なう（握りながら手首を曲げる）ロールアップ系のトレーニング（バーにぶらさげた重りを巻き上げる「リスト・ローラー」など）の3種類は取り入れたほうがいいでしょう。

屈曲させる場合も、素直に曲げたり、内側や外側にひねりながら曲げたりと、方向によっていくつかのバリエーションがあります。リバース・カール（165ページ参照）は上腕二頭筋と同時に、前腕の中の腕橈骨筋もよく使うトレーニングです。

前腕は持久性が高いので、重さよりも反復回数に重点を置く必要があります。重い負荷で10回というよりは、30回ぐらい繰り返せるような軽い負荷を使わないと十分な効果が出てきません。また、ボールを握ったりして握力を高めるトレーニングも、100回ぐらいの高回数をこなすことによって徐々に握力が増してきます。

続いて下腿ですが、前述したように、腓腹筋とヒラメ筋は速筋・遅筋の割合がはっきりと分かれています。表層に速筋、中のほうに遅筋があり、いずれも同じアキレス腱につながっているので、カーフレイズをどのように行なえばいいかというのは難しい。

基本的には2つの筋肉を同時に鍛えるということになりますが、じつは解剖学的な構造を利用してヒラメ筋を単独で狙うやり方というのがあります。

ヒラメ筋は単関節筋のため、足関節を底屈させる機能しかない。一方、腓腹筋は二関節筋なので、足関節を底屈させる以外に膝を曲げる働きもある。だから、膝を曲げていくにしたがって腓腹筋は短くなり、90度まで曲げてしまうと、筋力発揮能力もかなり落ちてしまいます。筋電図で調べても、ほとんど動いていない。膝を曲げた状態で足関節を底屈させると、もっぱらヒラメ筋を使っていることになるのです。膝を曲げたら腓腹筋が働かないようにする、という神経的なメカニズムもあるのではないかと考えられています（実証はされていません)。167ページで紹介するシーテッド・カーフレイズは、腓腹筋をほとんど使わない、ヒラメ筋のためのトレーニングということになります。

腓腹筋をトレーニングしたい時は、その逆をしなければいけない。つまり、膝関節がロックするぐらい目いっぱい伸ばして、カーフレイズをする。そうすれば、腓腹筋を最大限に使ったトレーニングになります(ただし、ヒラメ筋の筋力発揮を抑えることはできません)。膝がゆるんでしまうと、その分、腓腹筋への刺激が小さくなってしまいます。

スタンディングで行なうカーフレイズは、1セット20～30回がスタンダード。ある程度の回数をこなさないと、なかなか腓腹筋に効いてきません。人体の構造上、カーフレイズはかなり重い負荷でも上げられるので、無理のない程度に負荷を高めていくのも効果的。ふくらはぎが弱点と言われていたアーノルド・シュワルツェネッガーは、ボディビルの現役時代、毎朝300kgのバーベルを担いでカーフレイズを行なっていたそうです。

シーテッドの場合は、ターゲットが遅筋線維の多いヒラメ筋なので、もっと回数を増やして50～100回ほど行なってもいいでしょう。

▼ リストカール

手首を掌屈させるのに使う筋肉を鍛える種目。①バーベルをリバースグリップで握り、肘をベンチに置く。手首を反らせるようにして、バーベルを下に垂らす。②手首を曲げ、バーベルを持ち上げる。上げきったら、元の姿勢に戻る

▼ リバース・リストカール

手首を背屈させるのに使う筋肉を鍛えるのに効果的な種目。①バーベルをオーバーグリップで握り、肘をベンチに置く。手首を曲げるようにして、バーベルを下に垂らす。②手首を反らせ、バーベルを持ち上げる。上げきったら、元の姿勢に戻る

可動域を広くとったダンベル・リストカール

ダンベルを使うことで、さらに可動域を広くとったリストカール。①ダンベルを握り、肘をベンチに置く。手首を反らせるようにして、ダンベルを下に垂らす。この時、なるべく指の先までダンベルを持っていくこと。もう片方の手で肘を固定すると、やりやすい。②手首を曲げ、ダンベルを持ち上げる。上げきったら、元の姿勢に戻る。片側が終わったら、腕を入れ替える

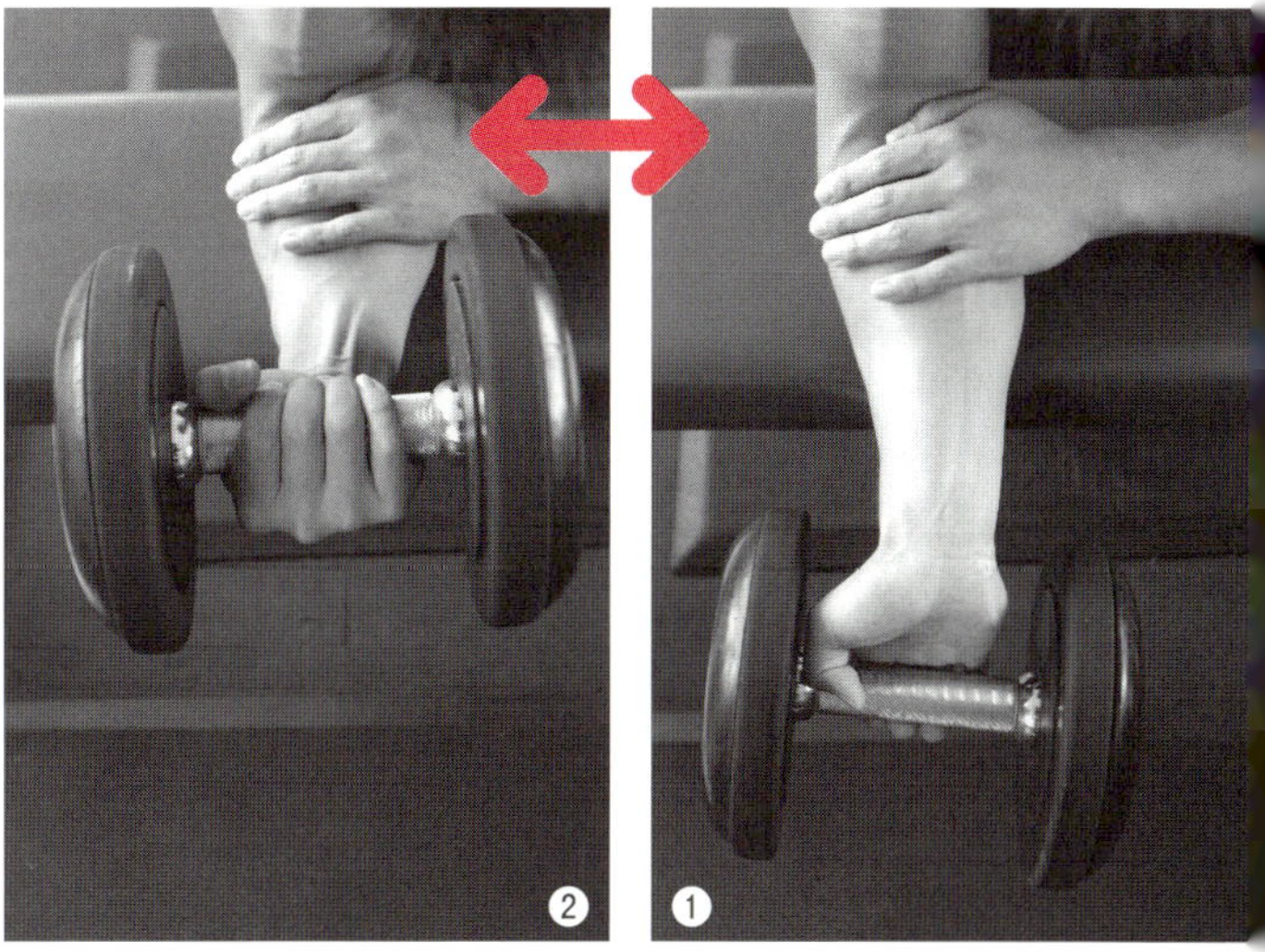

リバース・カール

上腕二頭筋とともに、腕橈骨筋も鍛えられるメニュー①バーベルをオーバーグリップで握り、腿の前にセットする。背すじをピンと伸ばし、顔は正面を向く。②肘を90度くらいまで曲げ、バーベルを上げる。上げきったら、元の姿勢に戻る。肘の位置は変えないこと

カーフレイズ

主に腓腹筋を鍛える種目。①バーベルを担ぎ、首の付け根と肩甲骨の間（僧帽筋が一番厚いところ）にセットする。背すじをピンと伸ばし、視線は正面に向ける。②踵を上げ、ふくらはぎを縮める。踵を上げきったら、元の姿勢に戻る。負荷を調節しながら行なえるメニューなので、少ない回数でも効果を得られる。つま先を踏み台の上に乗せ、踵の可動域を広くとる方法もある

ドンキー・カーフレイズ

主に腓腹筋を鍛える種目。通常のカーフレイズより、重い負荷をかけられる。①腰を90度くらいに曲げ、膝はなるべく伸ばす。バーを握り、マシンに体をセットする。踵を沈めてふくらはぎを伸ばす。②踵を上げ、ふくらはぎを縮める。踵を上げきったら、元の姿勢に戻る。回数は多めに行なったほうがいい

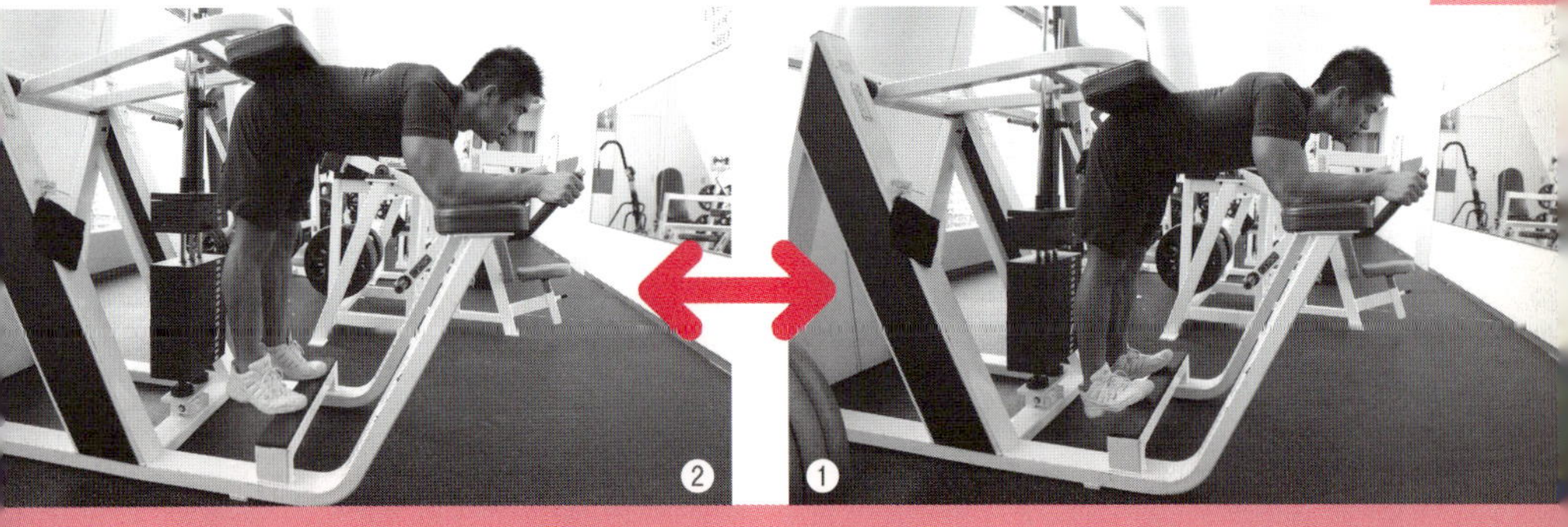

シーテッド・カーフレイズ

主にヒラメ筋を鍛える種目。①マシンに座り、脚をセットする。踵を沈めてふくらはぎを伸ばす。②踵を上げ、ふくらはぎを縮める。踵を上げきったら、元の姿勢に戻る。回数は多めに行なったほうがいい

アンクル・フレクション

主に前脛骨筋を鍛える種目。①伸ばしたつま先にケーブルをセットする。②足首を曲げ、ケーブルを引く。引ききったら、元の姿勢に戻る。回数は多めに行なったほうがいい。片側が終わったら、脚を入れ替える。前脛骨筋を劇的に強化するのは難しいので、参考程度にとらえておくこと

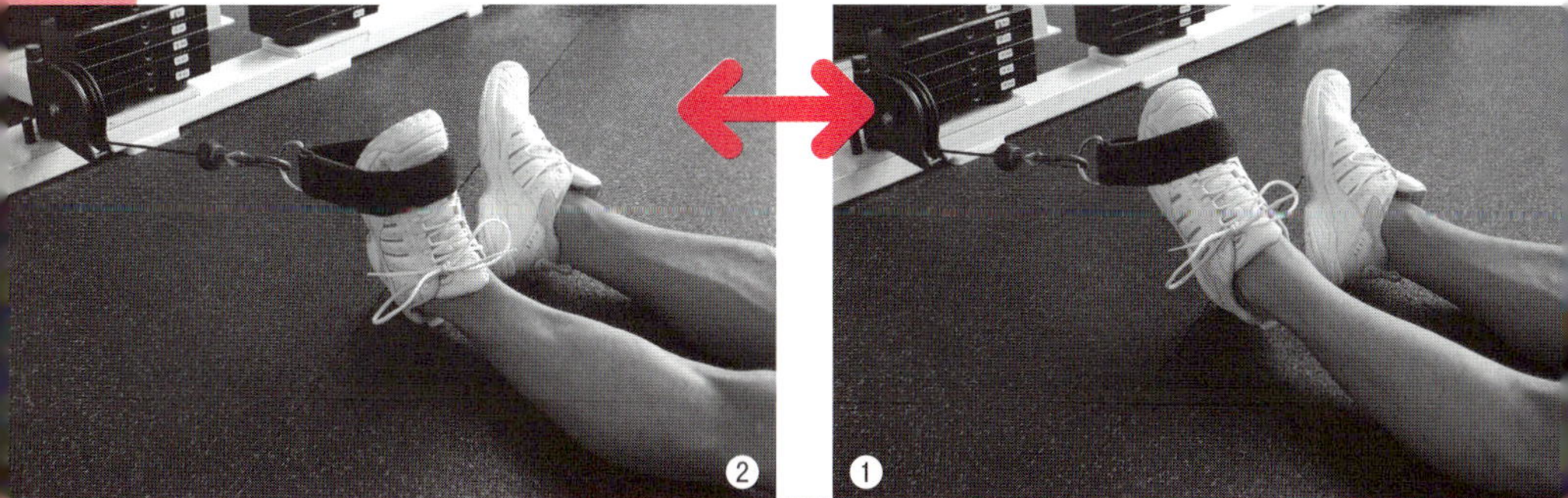

プラスαの筋肉知識

1 なぜ300kgのバーベルを持ち上げられるのか？

パワーリフティングの種目のひとつであるデッドリフト。日本人はこの種目が弱いとされていますが、それでも日本記録になると300kgを軽く超え、軽量級でも250kg前後は上げないと、なかなか上位に進出するのは難しいのが現状です。

デッドリフトはバーベルを床から引き上げる種目なので、ベンチプレスやスクワットのように手や肩にバーベルを乗せているだけでなく、つねにシャフトを握っていなければなりません。単純に計算すると、仮に300kgのバーベルを両手で持って引き上げる場合、右手150kg、左手150kgの握力が必要になります。

しかし、握力が150kgある人というのは、歴史上存在しません。かつて「アイアンクロー」で

胸
腹
肩
背中
脚
脚・尻
上腕
前腕・下腿

一世を風靡したフリッツ・フォン・エリックというプロレスラーも、１００kgほどだったと言いますから、そのあたりが限界に近いのかもしれません。

私も現役の最盛期は電話帳をビリッと破れるぐらいの握力がありましたが、その時でも左右それぞれ85～90kgほどでした。

では、なぜ３００kgのデッドリフトを上げる人が存在するのか。これは、じつはよくわからない問題です。考えられる理由としては、ひとつはグリップのテクニック。メジャーな握り方であるオルタネイトグリップ（86ページ参照）なら両側から挟み込む力が加えられますし、さらに親指を中に入れ込むスタイル（フックグリップ）もあります。それでも３００kgが上がるというのは生理学的に説明できません。

そこでもうひとつ考えられるのがエキセントリックなグリップ力（把持力）で、これは能動的に握る力よりもかなり高いと考えられています。肘の屈筋で測定すると、エキセントリックに耐えられる力は、等尺性（アイソメトリック）の力の１・５倍ぐらいまで。そのデータを参考にすると、握力が１００kgあれば１５０kgまでは耐えられる可能性があり、両手合わせて３００kgという計算が成り立ちます。ただ、トップクラスのパワーリフターでも握力が60kgぐらいしかいない人もいるので、グリップを離さない能力がなぜそこまで高いのかはわからない。

明確なデータはありませんが、もしかしたら、前腕の筋肉というのは特別にエキセントリックな力が強いのかもしれません。

2 前腕の筋トレをすると頭がよくなる？

156ページでも説明した通り、前腕には多彩な筋肉が詰め込まれていて、それを支配する脳の領域も広い。だから、いろいろな前腕のトレーニングをしていると、脳や神経がたくさん刺激されて頭がよくなるのではないか、という考えが生まれてくるかもしれません。

実際、指を動かしている時は脳の働いている部分が広くなる。また、細かい指の作業をすると知育にいいとも言われています。ただし、頭がよくなるというのは俗説で、きちんとしたデータがあるわけではありません。だから、可能性はあるけれども、まだわからないというのが現状です。

3 直立時のヒラメ筋の役割

ヒラメ筋には遅筋線維が多いことはすでに述べましたが、なぜそうなっているのでしょうか。絶えず力を発揮していると言っても、人間には頑丈な骨がありますから、直立しているかぎりは重力に対して筋肉がバランスをとっていなくても、倒れてしまうことはないのではないか。そんな疑問が出てきそうです。

じつは人間が立っている時というのは、少しだけ前のめりになっています。土踏まずのあたりが本来の中心だとすれば、直立している時の重心はその少し前にある。つまり、ほうっておくと前に倒れてしまう状態で立っているのです。そこで倒れないようにと後ろから体を引っ張り、バランスをとっているのがヒラメ筋です。体全体としては少し前にいきながら、ヒラメ筋が調整してまっすぐ立っている。それが人間の一番自然な立位姿勢なのです。

4 「ヒラメ貼り」の効果

消炎薬のCMで「ヒラメ貼り」という言葉が出てきます。立ちっぱなしの仕事をしていると、ヒラメ筋が疲れるということでしょうが、実際にはヒラメ筋は持久性の高い筋肉なので、疲れにくく、粘り強い筋肉です。立ちっぱなしでも、筋肉痛が起こるということはまずないでしょう。

むしろエキセントリックな動作をすると、ヒラメ筋よりも速筋線維の多い腓腹筋が疲れやすい。また、普段あまり運動していないのに急に走ったりした場合も、腓腹筋が痛くなります。ふくらはぎが痛いという時は、腓腹筋で筋肉痛が起きている可能性が圧倒的に高いのです。「ヒラメ貼り」と言ったほうがアピール度は高いと思いますが、生理学的には「腓腹貼り」のほうが正しいと思います。

シーテッド・カーフレイズのような種目でヒラメ筋に的を絞って鍛えることも可能ですが（167ページ参照）、これも実用性はあまりないでしょう。ヒラメ筋は日常的に活動している筋肉なので、特別に鍛える必要はない。ただ、日常的に使っている分、ケガをしたりして脚を動かさなくなると委縮が激しいので、そうなった時はヒラメ筋のトレーニングが重要になるかもしれません。

5 前脛骨筋を鍛えるには？

下腿の前面についている前脛骨筋。これをメインに鍛える種目はあまりありません。そもそも、前脛骨筋を使って積極的に足首を屈曲させる動きは、日常生活でもスポーツでもほとんどない。どちらかと言うと、足首が伸びようとするのに抵抗してエキセントリックに働く筋肉なので、慣れていない人がサッカーをやったりすると脛《すね》の部分がつりそうになるぐらい痛くなったりします。

どうしても前脛骨筋にこだわる人には、副次的に鍛えるメニューはあります。たとえば、腹筋板（アブドミナル・ボード）を急角度にして腹筋のトレーニングを行なう。体が落ちないように前脛骨筋が力を発揮するので、長く続けていれば筋肉が発達するでしょう。もっと積極的に鍛えたいという場合には、足にロープを引っかけ、その端をプーリー系のマシンにつないで引き上げる（アンクル・フレクション）というトレーニングがあります。これは前脛骨筋そのものに作用するので、より効果的だと思います。また、高齢の方の「つまずき防止」には前脛骨筋が重要。その場合には座位でのトウレイズ（つま先上げ）を10回×3セットほど行なうといいでしょう。

COLUMN

全身の「バネ」を利用して、パフォーマンスを高めるヒント

前腕の筋肉には指を動かす役割がありますが、実際には指先まで筋肉がつながっているわけではなく、腕の途中から指先までは長いケーブルのような腱が何本も走っています。筋肉の長さは全体の半分から三分の一ぐらいで、残りは腱ということになります。「デコピン」を思い浮かべてください。これは腱の伸び縮みを利用したもの。指を押さえることで伸筋をアイソメトリック（等尺性）に収縮させ、バネ（腱）が伸びた状態にする。そこで留め金を外すと一気に指が伸び、スピードと威力が出るという仕組みです。これは蓄えられた弾性エネルギーをパワーやスピードに変えるという点で、石弓と同じ構造。こういった動きがあらゆる筋肉でできれば、人間の体はひじょうに高いパフォーマンスを発揮することが可能です。

じつは下腿でも、ふくらはぎの筋肉とアキレス腱でデコピンのような関係が成り立ちます。また、程度は低いのですが、大腿四頭筋と膝蓋腱もそういう関係にあるし、全身の筋肉と腱が同じような仕組みになっている。だから、筋肉がどこかの腱を引き伸ばして弾性エネルギーを蓄え、それをポンと解放すると、筋肉の力だけでは不可能なパワー発揮ができるわけです。

その際、留め金の代わりをするのがエキセントリックな動作。ジャンプの時に行なう助走は、その典型的な例です。助走してからグッと踏み切ると、筋肉がエキセントリックな収縮をして腱を引っ張る。そのエネルギーが、跳び上がる時に再利用されます。目的の動作と反対の動作をすることで腱をギュッと引き伸ばし、弾性エネルギーを生み出すのです。

こういう動きは、上手・下手がはっきり分かれます。だから、腱を利用する度合いも個人差がある。それがうまくできない人は、筋肉のわりにスピードが出ないということにもなります。体の使い方の問題なので、プライオメトリックトレーニング（例：台から跳び降りてから跳び上がる）のようなものを繰り返していると、パフォーマンスが上がることもあるわけです。

ベンチプレスも大胸筋の力だけでなく、動作の切り返しがうまい人は重い負荷が上がりやすい。また、メジャー・リーグで活躍しているイチロー選手のように遠投の得意な選手、体の線が細いわりにパワーを発揮する選手などは、全身の筋肉や腱の使い方がとても上手なのだと思います。

全身の動作になると、プライオメトリックトレーニングも難しくなってきます。実際の動作を繰り返すことで、体の使い方を上手にしていくしかない。いずれにしても、あらゆる部位でデコピンのような動きが可能なのだということを頭に入れておくと、パフォーマンスを高めるきっかけになるかもしれません。あなたの体にも、未知のポテンシャルが眠っている可能性があるのです。

あとがき

「筋力トレーニング」は、スポーツ競技力を高めるばかりでなく、一般人の健康づくりにおいても重要になってきています。

筋肉は、日常生活動作を含むあらゆる身体運動の原動機（エンジン）としてはたらいています。したがって、筋肉の機能が低下すると、日常的な活動量の減少、循環・代謝機能の低下、ひいては生活習慣病のリスク増大につながります。高齢期では、転倒や寝たきりの要因にもなります。

私たち人類は、「筋肉を使わずにすませること」を一つの価値と見なし、20世紀に驚異的な進歩を遂げました。しかし、その間の100年間は、460万年の人類の歴史から見れば、ほんの一瞬に過ぎません。生物学的には、ヒトの身体は、「筋肉を使って動くこと」が「生きること」とほぼ同義であった太古の昔からほとんど変わっていません。こうしたギャップの代償が、今や肥満やメタボリックシンドロームというかたちで顕在化しているといえるでしょう。

状況を好転させる有効な手段は、「上手に筋肉を鍛えて、その機能を維持・向上すること」に知恵を絞ることだと思います。一人一人がこうした価値観をもってトレーニングを行なえば、根本的な解決につながる可能性があります。しかし、そのためには、体の中のさまざまな筋肉の特性や、基本的なトレーニング法についての、最小限の知識が必要になります。

本書はこのような理由から、一般の方々を含む広い読者層を想定し、筋肉の基本的な解剖学、生理学、トレーニング方法についてまとめたものです。元になった素材は、10年ほど前に「臨床スポーツ医学」という雑誌に連載した解説で、やや難解な専門用語が出てきたりもしますが、なるべく平易な表現を心がけました。トレーニングをすでに実践されている方には、「基本を見直す」という視点で読んでいただければ幸いです。

最後に、本書の編集のために雑多な資料をまとめていただいたライトハウスの本島燈家氏、ベースボール・マガジン社の光成耕司氏に、この場をお借りして感謝の意を表します。

２００９年9月

石井直方

石井直方（いしい・なおかた）
1955年、東京都出身。東京大学理学部卒業、同大学院博士課程修了。
東京大学教授（運動生理学、トレーニング科学）、理学博士。
力学的環境に対する骨格筋の適応のメカニズム、
およびその応用としてのレジスタンストレーニングの方法論、
健康や老化防止などについて研究している。
日本随一の"筋肉博士"としてテレビ番組や雑誌でも活躍。
著書に『スロトレ』（高橋書店）、
『一生太らない体のつくり方』（エクスナレッジ）などがある。
ボディビル・ミスター日本優勝（81・83年）、
IFBBミスターアジア優勝（82年）、NABBA世界選手権3位（81年）

※本書は『トレーニング・マガジン』のVol. 1（2008年4月発行）からVol. 8（2009年6月発行）
までの間に連載した"筋肉ゼミナール"に加筆、修正を加えて再編集したものです。

トレーニング・メソッド

2009年9月20日　第1版第1刷発行

著　　者／石井直方
発 行 人／池田哲雄
発 行 所／株式会社ベースボール・マガジン社
〒101-8381
東京都千代田区三崎町3-10-10
電話 03-3238-0181（販売部）
03-3238-0285（出版部）
振替 00180-6-46620
http://www.sportsclick.jp/

印刷・製本／凸版印刷株式会社

ISBN978-4-583-10184-2 C2075